# 게임개발자
## 되는 법

4주 만에 준비하는 N잡러 가이드 2

# 게임개발자 되는 법

김현석 지음

유아이북스

# 제1부 | 게임 개발, 어렵지 않아요

## 제2부 | 28일간의 게임 개발

## 제3부 | 게임 마케팅의 세계

## 부록

# 4주 만에 나만의 게임을 만들기 전에

게임이라고 하면 어떤 것들이 떠오르시나요? 현실과 구분할 수 없는 사실적인 그래픽, 수많은 사람이 함께 뛰어다니는 전장 같은 것들일까요? PC방에서 친구들과 함께하는 시간이 떠오를 수도 있고, 스마트폰을 들고 다니며 항상 켜두는 방치형 게임을 떠올릴 수도 있을 것입니다. 이 게임들은 얼마나 많은 사람들이 개발할까요? 해외의 유명한 AAA급 게임의 경우 1,000명 이상의 인원이 3년 이상의 시간을 들여 개발하기도 합니다. 게임 개발에만 수백억 원이 투입되며 성공할 경우에는 그보다 훨씬 많은 수익을 얻기도 하지만 반대로 모두 잃을 수도 있습니다. 사실, 모두 잃을 확률이 훨씬 크겠지요. 리스크가 크기 때문에 쉽게 뛰어들기 힘든 분야이기도 합니다.

리스크를 줄이는 방법은 명확합니다. 투자 규모를 줄이면 되겠지요. 1,000명이 만드는 게임이 있다면 300명이 만드는 게임도 있고, 30명이 만드는 게임도 있습니다. 심지어 5인 이하의 소규모 팀이 만들거나 1인 개발을 하는 게임도 있지요. 규모가 작다고 해서 무시할 수는 없습니다. 세계적으로 큰 성공을 거둔 마인크래프트도 처음에는 혼자서 만든 게임이었어요. 마인크래프트뿐만 아니라 1인 개발로 큰 성공을 거둔 게임들이 많습니다.

물론, 한국에도 많은 성공 사례들이 있습니다. 이런 사례들을 본보기 삼아 우리도 할 수 있다는 가능성과 동기 부여를 얻게 되기도 하지요. 여기에서 한 가지 중요한 사실이 있습니다. 처음 개발하는 게임이 성공하는 경우는 거의 없다는 점입니다. 누구는 20번 실패하고 21번째 성공하기도 하고, 누군가는 운 좋게 2번째나 3번째 게임이 성공하기도 합니다. 여기에서 말하는 성공은 경제적 성공뿐 아니라 사회적 성공이나 개인적인 성취도 모두 포함합니다.

이 모든 성공에는 공통점이 있습니다. 어설프게나마 만들어낸 첫 게임이 있다는 점입니다. 아무리 어설픈 결과물이라도 하나의 게임을 완성하면 자신감을 북돋아 주며, 다음 게임에 대한 기대와 도전으로 연결됩니다.

이 책을 따라오신다면 4주 만에 충분히 하나의 게임을 완성하실 수 있을 거라고 생각합니다. 물론 이 책에서는 코딩 방법이나 디자인 방법까지 가르쳐드릴 수는 없습니다. 어디까지나 방향성에 대한 가이드일 뿐입니다. 따라서 책 내용 이외에 최소한의 학습은 필요할 수 있습니다만, 제시하는 목표를 매일매일 달성하신다면 4주 뒤에는 자신만의 게임을 하나 완성하실 수 있을 거라고 생각합니다.

첫 시도가 완벽할 필요는 없습니다. 중요한 것은 도전하고 이를 마무리하는 경험입니다. 게임이 상업적으로 성공하는 것을 떠나서 하나의 완성은 다음 단계로 가는 디딤돌이 될 것입니다. 게임 개발의 세계에 오신 것을 환영합니다. 이제, 여러분의 게임을 시작해 봅시다.

## 저는 게임인입니다

제가 어린 시절에는 여러분들이 생각하는 디지털

게임이 존재하지 않았습니다. 놀이터와 골목길에서 뛰어놀며 어린 시절을 보냈지요. 어느 겨울 늦은 밤. 서리가 잔뜩 낀 유리창 너머로 놀이터를 바라보면서 손가락으로 미끄럼틀도 타고 그네도 타며 상상의 놀이를 했습니다. '내가 원하는 대로 대신 놀아주는 친구가 있다면 좋을 텐데. 그럼 늦은 밤에도, 몸이 아플 때에도 얼마든지 놀 수 있을 텐데.' 어린 마음에 허무맹랑한 상상을 하곤 했습니다.

그러던 어느 날 생일 선물 대신 동네에 새로 생긴 오락실이라는 곳에 가보고 싶다고 졸랐어요. 그곳에는 제가 상상하던 세상이 펼쳐져 있었습니다. 현실의 사람이 지시하는 대로 다른 세계의 사람이 모험을 하는 장면이 보였습니다. 그 순간, 저는 결심했습니다. 게임을 만드는 사람이 되어야겠다고요! 그 꿈은 초등학교에 입학하고 나서도, 중학교와 고등학교를 졸업하고 성인이 되고 나서까지 이어져 왔습니다.

여러분은 게임을 하면 어떤 기분이 드시나요? 너무 재미있고 흥분되어 시간 가는 줄 모르겠지요? 놀랍게도 게임을 만드는 것은 그 이상의 재미를 줍니다. 게임을 만들면서 자신의 머릿속에만 존재하던 것이 현실

화되는 것을 경험하게 되거든요. 그 과정의 뿌듯함은 중독성이 매우 강합니다. 한 번 게임을 만드는 재미를 느끼고 나니 그 뒤로는 멈출 수가 없게 되었습니다. 그래서 힘들더라도 항상 즐겁게 일하고 있습니다.

　20년 넘게 게임을 개발하다 보니 업계의 변화를 가장 먼저 경험하게 됩니다. 1990년대 후반이나 2000년대 초반에는 지금 보기에 단순한 게임도 여러 명이 만들어야 했지요. 하지만 게임 개발 엔진이 나오고 다양한 스크립트가 생겨나면서 게임 개발의 난도는 점점 쉬워졌습니다. 급기야 현재는 마음만 먹으면 누구나 게임을 만들 수 있는 수준까지 변하게 되었지요. 이제는 쉽게 개발할 수 있도록 도와주는 툴도 많고, 에셋 형태로 프로젝트나 리소스를 판매하는 경우도 많습니다.
　그런데 왜 많이 만들지 않냐고요? 그 방법을 모르기 때문이겠지요. 게임을 좋아하는 수많은 사람들이 직접 게임을 만들어본다면? 하는 것만큼이나 만드는 것도 재미있다는 사실을 깨닫지 않을까요? 그리고 이렇게 만든 게임들이 좋은 성과로 이어지게 될지도 모릅니다. 게임을 취미로 만들더라도 창작 활동인 동시에 생산 활동이기도 하니까요. 보다 많은 사람들이 게임 만드는 일을 시도하고 재미를 느낄 수 있기를 바라며 이 책을 썼습니다.

　게임을 만들기 시작하는 것은 쉽습니다. 하지만 대다수는 중도 포기를 하게 됩니다. 이 책은 여러분을 끝까지 포기하지 않도록 도와줄 것입니다. 기술적인 사항보다는 전체적인 개발 순서와 단계별 포인트를 중시했습니다. 처음에는 어떤 게임을 만들지를 정하고, 이를 위한 도구를 선택하는 것에서 시작합니다. 이후 여러분의 상상을 구체화하고 단계적으로 덧붙이는 형태로 진행됩니다. 덧붙여서 여러분의 피로도나 난도를 고려해 구성도 신경을 썼습니다. 힘든 날이 있다면 이어서 휴식이나 즐거운 작업이 기다리고 있습니다.

　이 책을 믿고 따라와주세요. 아무래도 첫 프로젝트인 만큼 완벽한 게임보다 완성된 게임을 목표로 하는 점을 이해해 주세요. 이 책이 게임개발자가 되는 데 소중한 첫걸음이 되기를 바랍니다.

# 제1부

## 게임 개발,
## 어렵지 않아요

# 1인 개발 게임도
# 성공할 수 있다

혼자서 개발한 게임이 잘돼봐야 얼마나 크게 성공하겠
어? 그런 생각을 하고 계신가요? 꿈은 크게 가지라고
했으니, 여러분에게 대박 사례를 몇 가지 말씀드리겠습
니다.

## 1. 마인크래프트

스웨덴의 마르쿠스 페르손은 일과 후 개인 프로젝
트로 마인크래프트를 개발하기 시작했습니다. 최초로
개발한 버전을 2009년에 공개하면서 입소문이 나며 주
목받게 되었지요. 마인크래프트는 독특한 샌드박스형

게임입니다. 자원을 모아 자신만의 건축물을 만들며 생존하는 방식이지요. 이 게임은 2011년에 출시되어 2억 장 이상 판매되었고, 2014년에는 마이크로소프트에 25억 달러에 인수되었습니다. 혼자서 일과 후 만들던 사이드 프로젝트로 3조 원에 가까운 돈을 벌어들인 것입니다.

마인크래프트는 상업적으로만 성공한 것은 아닙니다. 게임 업계에 신선한 충격을 주게 되었는데요, 자신만의 건축물을 만들어 공유하거나 초대하는 게임의 기능 덕분에 갈수록 많은 사람들에게 퍼져나가게 되었고, 교육용 게임이나 정부 정책 및 사회적 메시지 홍보용 게임 등으로도 다양하게 활용되기 시작했습니다. 단 한 사람의 사이드 프로젝트에서 시작된 게임이 세상을 변화시킨 것입니다. 정말 대단하지 않나요?


## 2. 스타듀밸리

미국의 게임개발자 에릭 바론은 대학 졸업 후 취업이 어려워지자 게임을 개발하기 시작했습니다. 프로그래밍뿐 아니라 그래픽과 사운드 등 모든 작업을 혼자

하느라 총 4년의 개발 기간이 소요되었고, 자신이 평소 좋아하던 농장 게임인 '하베스트 문'과 유사한 게임을 만들었지요. 그렇게 만든 스타듀밸리는 2016년 출시되었습니다. 그리고 발매와 동시에 수백만 장이 판매되었어요. 이 게임은 현재까지 1,800만 장 가까이 판매되었는데, 한 개당 가격은 15달러입니다. 한화로 계산하면 2,000억 원 이상을 벌었다고 볼 수 있겠네요. 스타듀밸리는 계속 업데이트를 이어가고 있으며, 이 작품은 1인 게임 개발도 얼마든지 성공할 수 있다는 사례로 언급되고 있습니다.

## 3. 플래피 버드

플래피 버드는 1인 게임 개발을 시작하는 많은 분들이 튜토리얼로 다룰 만한데, 이 게임 역시 1인 게임 개발자가 만들어 성공한 게임입니다. 베트남의 응우옌 하 동은 단 3일만 투자해 간단한 미니 게임을 개발했습니다. 새 한 마리가 하늘을 날고 있습니다. 터치하면 새는 위로 조금 날아오르고 시간이 지나면 점점 바닥으로 떨어집니다. 새의 고도를 유지하면서 다가오는 기둥을

피하는 단순한 게임이지요. 이 게임이 출시된 2013년에는 큰 주목을 받지 못했지만 2014년이 되며 갑자기 폭발적인 인기를 끌게 되었습니다. 게임은 무료로 제공되었지만 광고를 수록했는데, 이를 통해 하루에 약 5만 달러 이상의 광고 매출이 발생했습니다. 단 3일 만에 제작한 게임이 하루 5,000만 원 이상의 엄청난 수익을 거둔 것입니다.

이 세 가지 중 마인크래프트와 스타듀밸리는 수년간의 긴 개발 기간을 투자하기는 했습니다만, 모두 1인 개발 게임이라는 점은 동일합니다. 해외 사례뿐 아니라 국내 성공 사례도 존재합니다만 이처럼 큰 성공을 거둔 게임은 아직까지는 등장하지 않았습니다. 어쩌면 여러분이 그 주인공이 될지도 모르지요.

# 게임 개발,
# 갈수록 쉬워진다

예전과 달리 게임 개발이 점점 쉬워지고 있다고 말했는데요, 그 중심에는 다양하게 발전된 게임 개발 툴이 있습니다. 과거에는 프로그래밍 기술이 매우 중요했습니다만, 지금은 비주얼 스크립팅이나 심지어 노코드(No-Code) 툴까지 등장하면서 프로그래밍 지식이 전혀 없어도 게임을 만들 수 있는 편리한 세상이 되었습니다.

비주얼 스크립팅이란 문자로 이루어진 복잡한 코드 대신 시각적인 요소들을 서로 연결해 게임 로직을 구현할 수 있게 해주는 형태를 의미합니다. 이런 방법론이 발달해 비전공자나 프로그래밍에 익숙하지 않은 분들도 게임 개발이 가능한 세상이 된 것입니다.

게다가 게임 에셋 마켓플레이스가 발달하면서 코드 세트뿐만 아니라 그래픽이나 사운드, 애니메이션, 이펙트 등의 다양한 리소스를 구하는 것도 쉬워졌지요. 덕분에 자신이 어려워하는 분야의 요소라도 얼마든지 대체할 수 있게 되었습니다.

마지막으로 온라인 커뮤니티나 유튜브 등의 영상 콘텐츠들도 학습을 쉽게 하는 데 크게 기여하고 있습니다. 개발 중에 막히거나 툴 사용 방법을 모르겠다면 검색을 통해 다양한 동영상이나 포스팅을 확인할 수 있으니까요. 또한 커뮤니티를 통해 응용 방법이나 지식을 공유하고 더 나아가 협업까지도 가능해졌으니, 어느 정도 익숙해진 이후에는 적극적으로 활용하시면 더욱 좋겠지요.

이런 변화를 통해 게임 개발은 더 이상 전문가들만의 영역에 그치지 않고, 누구나 자신의 아이디어를 창작하고 만들어낼 수 있게 되었습니다. 이제 게임 개발은 어린아이부터 시작해서 누구나 즐길 수 있는 취미형 창작이 되지 않을까 싶습니다. 초등학교에서도 블록 코딩 등의 형태로 게임 개발을 교과에 포함하고 있으며, 은퇴한 분들을 위한 강좌도 많아지고 있으니까요. 여러분도 이 책을 통해 그 첫발을 내딛게 되겠지요.

# 게임 개발,
# 사이드 잡으로 괜찮을까?

게임 개발은 안정적인 수익을 보장하는 사이드 잡은 아닙니다. 오히려 하이 리스크 하이 리턴의 사이드 잡으로 보아야 합니다. 대부분의 게임은 수익을 내지 못하지만, 대신 한 번 잘되면 직장인 급여보다 많은 금액을 벌기도 하지요. 따라서 게임 개발을 N잡으로 선택하신다면 꾸준히 도전의 문을 두드리는 것이 중요합니다. 일례로 국내 게임 개발사 중 하나인 '먼쓸리 23'은 회사 이름처럼 매달 23일에 게임을 하나씩 출시했고, 20여 개의 게임이 실패한 이후 '스와이프 벽돌깨기'로 큰 성공을 이루어냈습니다. 국내 게임 개발사인 '버프 스튜디오' 역시 '용사는 진행중'이라는 1인 개발 게임을 통해 회사를 설립한 사례입니다만 그 게임이 나오기 전까지 실패의 쓴맛을 맛봐야 했습니다.

따라서 사이드 잡으로 안정적인 수입을 기대하고 게임 개발을 하는 것은 추천하지 않습니다. 기대가 충족되지 않으면 금세 좌절하게 될 테니까요. 오히려 취미 삼아 꾸준히 만들면서 하나가 터지기를 기대하는 편이 현실적입니다. 취미로 즐기던 중에 성공적인 수익을 얻을 정도로 발전한다면 보너스를 받는 느낌이 들겠지요. 즉, 수많은 실패에도 묵묵히 개발을 진행할 수 있다면, 즐기면서 할 수 있다면 사이드 잡으로써 충분히 매력적일 수 있겠습니다.

게임 개발을 사이드 잡으로 삼는 것은 리스크가 큰 도전이기는 합니다만, 그 과정에서 얻는 만족감과 즐거움은 매우 큽니다. 열정을 잃지 않는다면 언젠가는 좋은 결과가 있지 않을까요?

# 제품형 게임과
# 서비스형 게임

게임은 크게 두 가지로 분류됩니다. 이른바 서비스형 게임과 제품형 게임입니다. 이 책을 따라가면 여러분이 개발하게 될 것은 십중팔구 제품형 게임이 될 예정입니다만, 사이드 잡으로 생각하신다면 알아두실 필요가 있기 때문에 가볍게 설명하고 넘어가도록 하겠습니다.

## 제품형 게임

제품형 게임은 일반적으로 상점에서 물건을 사는 것을 상상하시면 됩니다. 일정 금액을 지불하고 게임을 획득하면 그 다음부터는 더 이상 돈이 들지 않습니다.

나에게 소유권이 발생하며 질릴 때까지 게임을 해도 되겠지요. 개발한 입장에서는 지정된 금액을 받게 되는 형태입니다.

오프라인 매장에서 판매되는 게임들이 제품형 게임이며, 스팀이나 모바일 스토어에서 판매되는 다운로드형 게임 중에도 한 번 구매로 게임을 끝까지 즐길 수 있다면 제품형 게임으로 분류합니다.

최근에는 제품형 게임에서 '다운로드 콘텐츠(DLC)'라는 이름으로 추가 수익을 내는 형태도 일반화되었습니다. 하지만 이 경우도 게임 개발은 제품형 게임을 기본으로 개발하며 추가로 콘텐츠를 더하는 형태라고 이해하시면 좋을 것 같습니다.

## 서비스형 게임

이름 그대로 게임을 '서비스'하는 형태를 의미합니다. MMORPG처럼 여러 사람이 동시에 접속해서 게임을 즐기는 방식이나 혼자 하더라도 지속적으로 업데이트되는 방식의 게임입니다. 이 게임들은 기본적으로 무료로 제공되지만 게임을 하면서 아이템을 구매하는 등의 비용을 지불하게 됩니다. 한국의 대다수 모바일 게임이 이 형태로 서비스되고 있습니다.

개발자의 입장에서 단점은 서버를 사용해야 한다는 점입니다. 이 책의 4주 플랜에는 서버 내용이 포함되어 있지 않기 때문에, 이 형태의 게임을 원하신다면 이 책을 읽고 나서 다시 한 번 새롭게 도전해 보시길 바랍니다. 결제와 서비스 등이 엮이게 되면 법적인 문제도 생길 수 있기 때문에 회사 설립도 필요해질 수 있습니다.

이처럼 게임은 크게 두 가지로 분류되고 있으며, 이는 수익의 형태에도 영향을 줍니다. 제품형 게임은 최초 1회만 매출이 발생하지만 서비스형 게임은 지속적으로 매출이 발생할 수 있지요. 하지만 서버 관리 비용 역시 지속적으로 발생한다는 단점이 있고, 대상 플랫폼 정책이 바뀔 경우도 있고 게임을 계속 관리하고 업데이트해야 한다는 문제도 함께 있습니다.

어차피 첫 게임 개발은 제품형 게임으로 시작할 것이므로 위 내용은 가볍게 알아두시면 되겠고, 만약 좋아하는 게임이 있으시다면 내가 하는 게임은 제품형 게임인지 서비스형 게임인지 생각해 보시기 바랍니다.

# 무엇을 위해
# 게임을 만들려 하는가?

나름의 목적을 가지고 이 책을 선택한 분도 계시겠지만, 반면 단순한 호기심으로 책을 읽고 있는 분들도 분명히 계실 거라고 생각합니다. 이 책은 게임 개발의 첫걸음을 내딛는 분들이 활용하는 데 도움이 되는 책이기 때문에 자신만의 목적을 갖는 것을 권합니다. 우리의 공통된 목표는 '하나의 게임을 만드는 것'입니다. 그렇다면 무엇을 위해 게임을 만들어야 할까요? 게임 개발을 통해 우리가 얻을 수 있는 것은 무엇이 있을까요?

## 수익을 얻기 위해

게임을 통해 돈을 벌고 싶다고 생각하시는 분이 많을 겁니다. 물론 불가능한 이야기는 아닙니다. 실제로 성공한 사례도 적지 않지요. 하지만 큰돈을 번 게임보다 벌지 못한 게임이 훨씬 많다는 사실을 이해해야 합니다. 게다가 혼자서 만드는 가벼운 게임이라면 그 비율은 더 줄어들겠지요. 게임으로 당장 의미 있는 수익이 생길 거라고 기대하지 않는 편이 좋습니다. 반면 한번 터지면 상상하지 못한 수익을 거두는 것도 게임이기는 합니다. 앞서 프롤로그에서 언급했던 것처럼 수십 번 실패할 것을 각오하고 꾸준히 하실 수 있다면, 수익에 대한 기대를 하셔도 괜찮을지 모르겠습니다.


## 게임 전체를 보는 시야를 기르기 위해

개인적으로 추천하는 목적입니다. 게임 회사를 다니는 실무자의 경우에도 자신의 직무 외의 분야를 잘 모릅니다. 따라서 게임의 전체를 보는 시야를 갖기는 어렵지요. 하지만 아무리 작은 게임이라도 직접 완성해 본다면 게임의 전체를 보는 시야를 기를 수 있습니다. 규모와 관계없이 모든 게임에는 코어가 있고 덧붙이는 시스템과 콘텐츠가 있기 때문입니다. 이외에도 다른 직군에서 하는 일을 작게나마 간접 체험할 수도 있으며, 엔진에 대한 기초를 익힐 수 있습니다. 물론, 학원을 다니거나 스터디를 통해 학습할 수도 있습니다만, 직접 게임을 개발해 보는 방식이 아무래도 더 재미있지 않을까 싶습니다.

## 게임업계에 지망하기 위해

게임업계에 지망하는 분들에게 1인 개발 프로젝트는 좋은 포트폴리오가 됩니다. 과거부터 현재까지 게임업계 구인 공고의 우대 사항에는 '엔진을 사용해 본 경험'이 빠지지 않습니다. 단순히 엔진을 사용해 봤다고 말하는 것과 직접 개발한 게임을 첨부하는 것은 신뢰도 면에서 차이가 크겠지요. 포트폴리오도 좋아지겠지만, 그 이상으로 실제 학습의 효과도 무시할 수 없습니다. 직접 게임을 만들어본 경험은 취업하는 데 큰 무기이고, 작게 나마 다양한 작업을 진행해 보면서 자신의 직군 방향성에 대한 검증도 해보실 수 있습니다. 취업을 준비하고 있다면, 혹은 미래에 게임을 만드는 일을 하고 싶다면 최소 한 번 정도는 이 책을 통해 작은 게임을 개발해 보시기를 권합니다.

## 창작 활동을 위해

많은 사람들이 자기 자신을 표현하기 위해, 혹은 메시지를 남기기 위해 창작 활동을 합니다. 누군가는 그림을 그리거나 음악을 작곡하거나 공연을 하기도 하지요. 글을 쓰는 사람도 점점 늘고 요즘은 인스타 툰이나 쇼츠 같은 형태로도 많이 창작하고 있습니다. 게임 역시 창작 활동이며 자기 표현을 위해 활용할 수 있는 작품입니다. 해외에서는 기부를 위한 게임이나 예술 분야의 게임도 다양하게 제작되고 있습니다. 한국에서 게임개발자가 예술인으로 등록된 것은 알고 계시지요? 게임 개발 역시 예술 활동으로 인정받고 있다는 사실을 증명하는 셈이지요.

## 건전한 취미 활동을 위해

게임 개발이 점점 쉬워지면서 취미로도 게임을 만들 수 있습니다. 이 취미가 발전하다 보면 첫 번째로 말했던 수익적인 측면과 연결될 수도 있겠지요. 2024년, 일본의 어느 가정주부는 6명의 아이를 키우고 낮에는 은행에서 일하면서 게임을 개발했습니다. 이 게임이 화제가 되면서 알려지게 되었는데요, 처음에는 취미로 공부하면서 만들었는데, 나중에는 자신의 아이들이 즐길 수 있는 콘텐츠를 만들기 위해 게임을 개발했다고 합니다.

세상에는 수많은 취미가 있습니다. 그중에서 무언가를 창작하는 취미는 생산성 측면에서 장점도 크지요. 게임을 하는 것이 즐겁다면 만드는 재미도 느껴보시는 것은 어떨까요? '노력하는 자가 즐기는 자를 이기지 못한다'는 말이 있는 것처럼 재미있게 만들다 보면 의외의 성과를 거둘지도 모르겠습니다.

이상 게임을 만드는 목적들에 대해 언급했습니다만, 이 중에 꼭 하나를 선택하실 필요는 없습니다. 전혀 다른 목적을 갖고 계셔도 상관없습니다. 과거에 어느 인디 게임개발자는 청첩장을 게임의 형태로 만들기도 했고, 프러포즈를 게임으로 진행한 해외 개발자도 있었습니다. 자신의 죽은 아이를 추모하고 잊지 않기 위해 게임을 개발한 사람도 있었고, 자신이 겪었던 공황장애를 사람들에게 경험하게 함으로써 장애인에 대한 이해심을 불러일으키고자 13세 소녀가 만든 게임도 있습니다. 세상의 모든 게임은 각각의 목적이 있으며 이는 온전히 자신만의 목적에 의해 탄생합니다.

아무런 목적 없이 이 책을 따라오는 것도 충분히 의미 있는 도전이고 가치 있는 시간이 될 거라고 생각합니다만, 기왕이면 자신만의 목적으로 게임을 만들어 보시면 더 좋지 않을까 생각합니다.

# 이 책의 활용법

Day 1이라고 쓰여 있는 페이지부터 여러분은 28일간의 모험을 떠나게 됩니다. 매일매일 해야 할 일들이 쓰여 있는데요, 이를 빠짐 없이 따라가시면 28일째에는 자신만의 게임을 하나 완성할 수 있습니다.

    이 책에서 소개하는 하루에 해야 할 일은 최소 1시간에서 최대 6시간가량 소요되지만, 더 많은 시간을 할애하셔도 무방합니다. 소요 시간의 범위가 넓은 이유는 여러분이 어떤 게임을 만들려고 하는지에 따라 소요 시간이 달라지기 때문입니다. 자신이 매일 할애할 수 있는 시간이 적다면 최대한 짧고 단순한 게임을 목표로 하시길 바랍니다.

책을 따라 하시면서 오늘의 할 일을 일찍 끝내더라도 다음 날 할 일을 미리 하지는 마세요. 오늘 했던 일을 다시 돌아보거나 관련된 정보를 검색하며 스터디하시는 것을 권합니다. 일정이 한 번 꼬이기 시작하면 후반부에 제대로 일정을 소화하지 못해서 중도하차할 가능성이 높기 때문입니다. 시간이 다소 남는 날이 있고 일정이 빠듯한 날이 있겠지만, 그래도 상관없습니다. 매일매일 그날의 일정을 꾸준히 따라오실 수 있는 난도도 구성했으니, 반드시 해낼 수 있다고 믿으시며 하루씩만 꼭 따라오시기 바랍니다.

그리고 이 책에는 여러분 스스로 선택해야 하는 부분이 더러 있습니다. 이 부분은 가급적 여러분의 창작을 존중하기 위해 설정한 것입니다. 주입식 교육이나 제약은 여러분의 생각을 충분히 펼치지 못하게 하는 장애물이 될 것입니다. 또한 엔진이나 에셋의 제약도 있을 수 있겠지요. 이 책은 게임을 한 번도 만들어보지 못한 초보자를 위한 것이므로 이를 감안하시고 '완성'이 제일 중요하다고 생각하며 따라와주세요.

# 시작하기 전에
# 당부하고 싶은 것

누구나 엄청나게 크고 멋진 게임을 만들고 싶겠지만, 첫술에 배부를 수는 없겠지요. 무엇보다 게임 개발 경험이 적거나 전혀 없는 상태라면 더더욱 무리해서는 안 됩니다. 세상에는 수많은 게임이 있고, 그중 단순하고 간단하지만 훌륭한 게임들도 많이 존재합니다. 이 책은 단 4주 만에 개발을 진행하는 방법을 다루고 있으므로 최대한 욕심을 거둬주시기 바랍니다.

　명심하세요. 이 책은 게임 개발에 첫걸음을 떼고 하나의 게임을 완성하는 것이 목적이자 목표입니다. 중간중간 다시 이야기하겠지만, 최대한 욕심을 버두고 단순하게 생각하세요. 우선 하나를 완성하고 나면 자신감도 생기거니와 덧붙이거나 수정하고 싶은 부분이 생기게 될 것입니다. 그때 하더라도 전혀 늦지 않습니다.

중도 하차하시는 분들을 살펴보면 그중 90% 이상은 욕심을 버리지 못해 실패합니다. 가볍고 단순하게, 쉽고 재미있게 하더라도 꾸준히 하는 것은 힘듭니다. 게다가 후반부로 갈수록 생각만큼 쉽지 않음을 인지하게 됩니다. 게이머로서 게임을 접하는 것과 이를 개발하는 것은 난도면에서 차이가 크기 때문입니다.

이 책을 읽는 여러분이 전원 완주하기를 바랍니다. 그렇기에 잔소리로 느껴질 수 있음에도 여러 번 반복해서 말씀드리고 싶습니다.

첫 게임은 무조건 단순하게, 완성할 수 있는 수준으로 만드시기 바랍니다.

# 제 2 부

## 28일간의
## 게임 개발

# 4주 플랜 요약

여러분이 함께 진행할 4주간의 플랜을 요약한 내용입니다. 대략적인 진행 방향과 순서를 이해하기 위해 참고해 주세요.

| | |
|---|---|
| **Day 01~05** | 어떤 게임을 만들지 정하기 |
| **Day 06~10** | 프로토타입 제작 |
| **Day 11~13** | 콘텐츠 추가 개발 |
| **Day 14~16** | 시스템 추가 개발 |
| **Day 17~19** | UI 제작과 적용 |
| **Day 20~23** | 기기 테스트와 마무리 개발 |
| **Day 24~25** | 테스트와 버그 수정 |
| **Day 26~27** | 최종 테스트와 폴리싱 |
| **Day 28~** | 출시 준비 그리고 그 이후 |

# Day 1.
# 어떤 플랫폼을 선택할까?

게임을 만들기 위해 가장 먼저 정해야 할 것은 어느 플랫폼에서 실행할 게임을 만드느냐입니다. 일반적인 경우 게임 플랫폼은 다음과 같습니다.

모바일 게임 : 스마트폰을 사용한 게임

PC 게임 : 컴퓨터로 플레이하는 게임

콘솔 게임 : 게임기로 플레이하는 게임

특수 플랫폼 게임

그중 콘솔 게임은 사업자가 아니라면 개발 키트를 구할 수 없으므로 제외해야 합니다. 물론 일부 게임기는 PC와 동일한 환경을 사용하기도 합니다만, 출시를 하려면 사업자등록증이 필요하겠지요. 개인사업자등록증을 가지고 있다면 콘솔 게임도 개발 가능하니 참조하시기 바랍니다.

특수 플랫폼 게임은 얼마 전까지 메타버스라는 이름으로 유행하던 형태입니다. 로블록스나 제페토라는 서비스를 예로 들 수 있으며, 해당 서비스 안에서만 제공되는 형태입니다. 특정 서비스에 관심이 있다면 괜찮은 선택일 수도 있겠지요. 하지만 해당 플랫폼 밖에서는 구동되지 않는다는 단점이 있습니다. 그래도 자신이 만든 게임을 손쉽게 여러 사람과 함께 즐길 수 있다는 장점도 있습니다.

여러분 대부분은 모바일 게임이나 PC 게임 중 하나를 선택할 텐데요, 플랫폼에 따라서 게임의 형태나 개발 방식에 차이가 있습니다. 예를 들어, 스마트폰 게임은 화면 터치가 가능하지만 PC 게임은 불가능합니다. PC게임에서는 마우스를 사용하지만 콘솔 게임에서는 십자키와 아날로그 스틱으로 콘트롤하므로 마우스를 사용할 때와는 다를 것입니다. 화면의 크기와 가로세로 방향도 다릅니다. 모바일 게임은 세로가 긴 형태의 게임도 개발할 수 있지만, PC 게임은 가로가 긴 형태로만 제작될 가능성이 높습니다. PC 모니터가 가로가 긴 직사각형이니까요. 모바일이라면 가로/세로 전환되는 게임일 수도 있겠습니다. 그렇다면, 아이패드나 갤럭시탭 같은 태블릿 PC는 어느 쪽에 속할까요? 화면이 큰 모바일 게임이라고 인지하시면 좋을 것 같습니다.

조작 방법과 화면의 비율 이외에도 유저들의 플레이 형태도 다릅니다. 모바일 게임은 이동하면서 언제든 할 수 있지만, PC 게임은 컴퓨터 앞에 앉아야 하기 때문에 상대적으로 집중도가 높은 게임을 개발하는 데 좋겠습니다.

이처럼 플랫폼에 따라 장단점이 있습니다만, 이 프로젝트는 여러분의 첫 게임을 위해서 시작된 만큼 원하는 대로 선택하시면 됩니다. 내일 진행할 엔진 선택 단계에서도 다시 이야기하겠지만 일반적으로 PC 게임 형태로 게임을 만드는 데에는 비용이 소모되지 않습니다. 반면 모바일로 만들 때에는 어떤 개발 엔진을 사용하는지에 따라 일정 비용이 필요할 수도 있다는 점을 알아두시면 좋을 것 같습니다.

자, 그럼 가장 먼저 어떤 플랫폼으로 만들지를 정해 보세요. 이 책의 4주 플랜은 어떤 플랫폼이라도 비슷하게 따라가실 수 있습니다만, 기본적으로는 PC 게임과 모바일 게임에 가장 가깝게 다루고 있습니다. 이를 고려하셔서 판단해 보시면 좋을 것 같습니다.

**(TIP)**

도저히 선택할 수 없다면 만들고 싶은 게임과 비슷한 게임을 검색해 보세요. 그리고 해당 게임의 플랫폼을 따라가세요. 처음에는 따라 하시는 것으로도 충분합니다.

# Day 2.
# 어떤 개발 엔진을 선택할까?

플랫폼은 정하셨나요? 그다음으로 해야 하는 것은 게임을 만들 개발 엔진을 선택하는 것입니다. 요즘은 쉽게 이용할 수 있는 다양한 툴이 나와 있는데요, 이를 사용하면 기술적인 부분들을 잘 모르더라도 간단한 게임들을 만들 수 있습니다.

　개인적으로 추천하는 엔진들입니다.


언리얼

유니티

게임메이커 스튜디오

렌파이

RPG MAKER

로블록스 스튜디오

　　게임개발자들은 실무에서 유니티와 언리얼을 주로 사용합니다. 이 두 가지를 사용하려면 약간의 학습이 필요합니다. 두 엔진 모두 에셋 스토어라는 상점 기능이 있어서 필요한 소스들을 구매할 수 있습니다. 가벼운 모바일 게임이라면 유니티, 조금 진지하고 무거운 PC 게임이라면 언리얼이 좋습니다. 이 엔진을 사용하려면 약간의 스크립트나 코드 이해 능력이 필요합니다.

　　3D가 아닌 2D 게임은 게임메이커 스튜디오가 사용하기 쉬운데요, 게임메이커 스튜디오의 가장 큰 장점은 코딩 없이 개발 가능한 비주얼 스크립트 기능이 강력하다는 점입니다. 누구나 쉽게 게임을 개발할 수 있는 장점이 있는데, 반면에 2D만 가능하고 엔진 기능의 제약으로 완전히 새로운 게임을 만들기는 힘들다는 단점이 있습니다.

　　비주얼 노벨이라는 텍스트 게임 장르를 만드신다면 렌파이가 좋습니다. 프로그램 코딩 수준보다 훨씬 단순한 스크립트 입력 형태로 게임을 개발할 수 있습니다. 가벼운 학습은 필요하지만, 제가 가르쳐본 경험에 의하면 초보자라도 하루 이틀이면 충분히 툴을 사용할 수 있을 정도로 쉽게 나온 엔진입니다.

로블록스 서비스 안에서 체험판을 개발한다면 당연히 로블록스 스튜디오를 사용해야겠지요. 초등학생이 만든 로블록스 체험판도 많이 있을 정도로 사용하기 쉬운 툴입니다. 다만 로블록스 내부 콘텐츠로 기능하기 때문에 캐릭터나 게임의 기본 시스템은 동일하게 가져가야 하는 단점도 있습니다. 이는 제페토를 비롯한 UCG 툴들이 가지고 있는 장단점이기도 합니다.

이처럼 게임 개발 엔진마다 특징이 모두 다른데요, 코딩을 최소화한 2D 게임을 개발하고 싶다면 게임 메이커 스튜디오를, 비주얼 노벨을 개발하고 싶다면 렌파이를, 3D 게임을 개발하고 싶다면 유니티나 언리얼을 추천드립니다.

오늘 하루는 검색을 해보면서 어떤 게임들이 있는지 확인해 보시고 엔진을 선택하시면 될 것 같습니다. 어려울 것 같다면 가벼운 엔진 튜토리얼까지 해보시는 것도 좋을 것 같습니다. 리스트에는 없지만 엔트리를 포함한 다른 엔진들도 무방합니다.

결국 게임 개발 엔진은 게임을 쉽게 개발하게 해주는 도구일 뿐입니다. 기능의 강력함을 떠나서 당사자가 쉽게 사용할 수 있는 도구가 가장 좋은 도구겠지요. 오늘 하루는 실컷 검색을 해보시고 하나의 게임 개발 엔진을 선택해 보세요.

## (TIP)

1~6번까지는 숫자가 높을수록 쉬운 툴입니다. 예로 든 6개 이외의 툴을 사용하셔도 좋으니 폭넓게 검색해 보세요.

# Day 3.
# 어떤 게임 장르를 선택할까?

어떤 플랫폼에서 어떤 엔진을 사용할지를 정했다면 3
일째 해야 할 일은 게임의 장르를 정하는 일입니다. 이
쯤이면 답답하실지도 모르겠습니다. 바로 개발에 들어
가고 싶으시겠지만, 지금 정하는 것들에 따라서 개발의
형태도 방법도 달라집니다. 그러니 지금 이 시간이 꼭
필요하다고 생각해 주세요.

평소에 게임을 자주 하는 분들이라면 게임 장르에
익숙하겠지만, 의외로 장르를 잘 모르는 분들이 많습니
다. 게임 장르는 게임의 가장 기본적인 형태를 표현합
니다. 예를 들어, 레이싱 게임이라면 속도를 겨루는 규
칙을 가지고 있겠지요. 자동차 레이싱이라면 자동차를

운전해서 누가 더 빠른지 경주하는 형태가 될 것입니다. 슈팅 게임이라면 총을 쏘는 게임이라는 것을 알 수 있고, 액션 게임이라면 캐릭터가 액션을 하는 것이 중요한 게임임을 알 수 있겠지요. 퀴즈 게임도, 퍼즐 게임도 마찬가지입니다.

장르를 정할 때 고려해야 할 점은 앞서 정한 플랫폼과 엔진입니다. 앞에서 소개한 렌파이 엔진은 비주얼 노벨을 만들기에는 좋지만 다른 장르를 만들기에는 어렵습니다. RPG MAKER는 고전 JRPG 장르를 만드는데 유리하며, 게임메이커 스튜디오는 2D 게임을 쉽게 만들 수 있습니다. 이런 사항들을 고려해 어떤 장르를 선택할지 정해 주세요.

다음은 제가 추천하는 장르들입니다. 처음 게임 개발을 하는 사람이 할 수 있을 만한 것들을 소개해 두었으니 참고하셔도 좋고, 이 중에 선택하셔도 좋을 것 같습니다.

### 슈팅 게임
비행기가 총을 쏘며 앞으로 나아가는 게임입니다. 적의 총에 맞으면 게임이 종료되며 나의 총에 맞은

적은 폭파됩니다.

### 플래피 버드류

버튼을 누르면 살짝 위로 튀어 오르지만 중력에 의해 계속 아래로 떨어지는 새를 조작해서 오랫동안 살아남는 게임입니다. 화면이 계속 앞으로 이동하며 여러 장애물들이 등장합니다.

### 매치3

화면 가득한 블록을 움직여서 같은 블록이 3개가 되면 폭파되어 사라지는 형태의 게임입니다. 사라진 자리는 다른 블록이 채웁니다.

### 플랫포머

띄엄띄엄 있는 발판 사이의 절벽을 점프로 뛰어넘으면서 진행하는 게임입니다. 다양한 장애물과 적을 추가할 수 있습니다.

### 비주얼 노벨

화면 하단에 텍스트가 나오며 상단에 캐릭터와 배

경이 보이는 디지털 소설 같은 게임입니다. 스토리 진행 중 선택지가 나옴으로써 유저의 선택에 따라 스토리가 달라집니다.

이 다섯 가지는 초보자들이 개발하기 쉬운 장르들입니다. 이밖에도 만들고 싶은 것이 있다면 무엇이든 괜찮으니 자유롭게 선택해 보세요.

## (TIP)

장르 용어가 익숙하지 않다면, 만들고 싶은 게임과 가장 비슷한 게임을 하나 찾아보세요. 그리고 해당 게임의 장르가 무엇인지 검색해 보시면 좋을 것 같습니다.

# Day 4.
# 게임 개발에 필요한 재료, 에셋 찾기

플랫폼과 엔진, 장르까지 정하셨다면 다음으로 해야 할 일은 에셋 찾기입니다. 에셋(Asset)이라는 용어가 익숙하지 않으실 것 같은데요, 게임 개발에 필요한 모든 리소스, 즉 재료들이라고 생각하시면 될 것 같습니다.

선택하신 엔진마다 사용 가능한 에셋이 구비되어 있는 에셋 스토어가 있습니다. 해당 스토어에 들어가셔서 게임에 활용할 수 있는 에셋을 찾아보세요. 내가 생각하고 있는 게임과 가장 비슷한 에셋을 찾으시면 됩니다.

예를 들어, 자동차 경주 게임을 만들려고 한다면 자동차 경주 프로젝트 에셋을 찾으시면 되고, 슈팅 게임을 만들려고 한다면 슈팅 게임 프로젝트 에셋을 찾아

보세요. 에셋을 구매 후 설치하시면 게임에 필요한 기본적인 내용이 모두 담겨 있을 것입니다. 슈팅 게임이라면 버튼을 눌렀을 때 총이 나가는 것, 총이 적에게 맞았을 때 적이 파괴되는 요소 등이 포함되어 있으며, 자동차 경주 게임이라면 속도와 가속도에 대한 적용, 다른 차량들과의 순위 경쟁, 경주를 진행하는 경기장에 대한 내용이 담겨 있습니다.

사용하시는 게임 개발 엔진이 유니티라면 '유니티 에셋 스토어'를, 언리얼이라면 '언리얼 에셋 스토어'를 검색해서 들어가 보세요. 엔진에 따라서는 에셋 스토어가 없는 경우도 있습니다. 만약 그렇다면 넘어가시거나 오늘은 엔진 기본 튜토리얼을 스터디하는 날로 대체하시면 됩니다. 에셋이 없는 만큼 직접 개발해야 하는 수고가 따를 테니까요.

사실 이 에셋을 설치하고 약간 수정하는 것만으로도 나만의 게임을 만드는 것에는 무리가 없습니다. 필수 요소는 전부 구현되어 있기 때문이지요. 그만큼 처음 만드는 사람에게 적절한 에셋을 찾아 설치하는 것은 중요합니다. 반면, '에셋을 이용해서 만든 게임을 직접 만들었다고 말할 수 있는가?'라는 의문이 생길 수도 있습니다. 예전에는 구설수가 따랐지만 요즘은 에셋 판매와 사용에 대한 안 좋은 시선은 많이 줄어들었습니다. 얼마든지 사용하셔도 좋습니다.

에셋을 찾을 때 주의해야 하는 것은 게임을 처음 만드는 입장에서는 그래픽 위주로 찾게 될 수 있다는 점입니다. 아무래도 유저의 눈에 가장 먼저 들어오는 것이 그래픽이고, 여러분은 유저의 입장에서 게임을 인지해 왔기 때문입니다. 반드시 프로젝트나 시스템 카테고리에서 찾을 수 있도록 해주세요.

두 번째로 주의해야 할 점은 에셋은 가급적 1개만 찾으라는 점입니다. 에셋 스토어를 구경하면 갖고 싶은 에셋도 많고 이것저것 조합하면 내가 바라는 것을 만들 수 있을 거라고 생각하게 됩니다. 하지만, 이는 쉬운 일이 아닙니다. 각각의 에셋은 개발 시기가 다르기 때문에 지원하는 엔진의 버전이 다를 수 있습니다. 또한 각각 다른 사람이 만들다 보니 내부에서 사용하는 코드에서 충돌이 일어날 수 있습니다. 이 부분을 자세히 설명하지는 않겠습니다만, 복잡한 문제라서 해결하기 힘들다는 정도로만 인지해 주세요. 따라서 에셋은 가급적이면 가장 게임의 핵심에 근접한 1개만 찾아주세요. 그래픽이 아닌 시스템이나 패키지, 자습서 형태로 말이지요.

**(TIP)**

일부 개발 엔진은 에셋이 존재하지 않을 수도 있습니다. 이 경우는 넘어가 주세요.

# Day 5.
# 구상과 기획은 최대한 심플하게

이제 여러분은 엔진과 플랫폼, 장르까지 선택하고 개발을 위한 에셋까지 준비되었습니다. 이제부터 본격적으로 자신만의 게임을 개발하게 될 텐데요, 가장 먼저 해야 할 것은 당연히 기획입니다.

기획이란 어떤 게임을 만들지를 구체적으로 정하는 행위라고 생각하시면 될 것 같습니다. 자신이 구상하고 있는, 개발하려는 게임에 대해 자세히 적어보세요. 혼자서 개발할 것이라면 자신만 알아볼 수 있는 메모 수준이면 충분합니다. 누군가와 함께 개발한다면 다른 사람이 알아볼 수 있는 수준의 문서화가 필요합니다. 이 문서를 게임 기획서라고 합니다.

기획을 하는 데 있어서 가장 염두에 두어야 할 점은 절대 과해서는 안 된다는 것입니다. 게임 개발을 중도 포기하는 99%는 과도한 기획 때문이라고 단언할 수 있습니다. 게임을 처음 만든다면 최대한 단순한 게임을 구상해 보세요. 일단 단순한 게임을 만들어두고 거기에 무언가를 덧붙인다고 생각하시면 좋을 것 같습니다.

기획안을 메모했다면 조금이라도 더 줄일 만한 요소가 없는지 여러 번 점검하세요. 집요하게 끝까지 줄이고 또 줄여서 핵심만 남기셔야 합니다. 누구나 대단하고 멋진 게임을 만들고 싶겠지만, 첫 시작이라면 과도한 기획은 실패로 이끌 뿐입니다.

### (TIP)

기획안을 메모할 때에는 서술형으로 적기보다는 항목이나 리스트, 문장 단위로 끊어서 쓰시는 편이 좋습니다. 자기 자신이 볼 때에도 한눈에 파악할 수 있도록 적어보세요.

# Day 6.
# 프로토타입 항목도 최대한 심플하게

여러분이 정한 기획대로 게임을 한 번에 만들 수 있을까요? 얼마나 줄이셨는지에 따라 다르겠지만, 웬만해서는 불가능할 가능성이 높습니다. 게임은 순차적으로 만들어야 하는데요, 그중에서도 가장 기본적인 항목만을 남긴 최초의 버전을 프로토타입이라고 합니다.

6일 차에 해야 할 일은 프로토타입에 들어갈 내용을 정하는 것인데요, 앞서 기획 리스트업을 잘했다면 손쉽게 할 수 있습니다. 그중에서 조금 더 기본이 되는 것을 우선하면 될 테니까요. 예를 들어, 단순한 슈팅 게임을 상상해 봅시다. 어디까지 쪼갤 수 있을까요?

시각적인 요소는 배경이 있고, 내 비행기가 있고,

적의 비행기가 있습니다. 배경이 스크롤되는 것, 내 비행기가 상하좌우로 이동하는 것, 이동할 때 비행기의 애니메이션이 처리되는 것, 버튼을 누르면 내 비행기에서 총알이 발사되는 것, 총알이 발사될 때 비행기 앞부분에 이펙트가 잠깐 표시되었다가 사라지는 것, 총알의 발사는 직선으로 이루어지며 등속으로 날아가는 것, 총알이 적과 맞으면 사라지는 것, 총알에 충돌한 적은 데미지를 입는 것, 총알이 사라질 때 적에게 피격 이펙트를 잠시 띄우는 점 등 이처럼 디테일하게 하나하나 리스트업합니다.

그다음은 우선순위를 정해야 하는데요, 내 비행기를 움직이는 것, 총알을 발사하는 것, 적과 충돌하면 내 비행기가 폭발하는 것, 내가 쏜 총알이 적과 충돌하면 적 비행기가 폭발하는 것, 이 4가지 중에서 가장 기본이 되어야 하는 것은 무엇인가요?

우선 총알을 발사하는 것이 먼저 구현되어야 적이 맞았을 때 폭발하는 것이 가능해지겠지요. 이처럼 논리적으로 우선순위를 따지다 보면 가장 먼저 구현해야 할 요소를 발견하게 됩니다. 이를 우선순위라고 합니다. 당연히 꼼꼼하게 표기해 두는 것이 좋겠지요.

앞서 말한 4가지를 모두 구현하고 나면 적의 움직임이나 적이 쏘는 탄환의 패턴도 추가로 만들어야겠지요. 그다음으로는 적이 다양해져야 하고 스테이지 배경도 더해질 것입니다. 하지만 여기까지 가면 프로토타입을 아득히 벗어나게 됩니다. 프로토타입은 욕심을 내지 말고 최대한 기본이 되는 것만을 정해 봅시다. 이 경우에는 비행기를 움직이는 것, 적과 충돌하면 폭발하는 것까지만 정하면 될 것 같습니다. 조금 더 욕심을 낸다면 내가 버튼을 눌렀을 때 총알이 나가고 적과 충돌하면 적이 폭발하는 것까지로 정할 수 있겠네요.

방금 말씀드린 예시처럼 어제 작업해 둔 리스트를 최대한 쪼개 보세요. 쪼갠 다음에는 인과관계로 우선순위를 정해 주세요. 우선순위가 동일한 것들 중에서는 여러분이 직접 선택하시면 됩니다. 피하는 것이 더 중요할지, 쏘는 것이 더 중요할지에 따라 최초 방향성이 정해지며, 이것은 아마도 끝까지 유지될 가능성이 높습니다.

프로토타입의 항목은 최대한 단순하면서도 기본이 되는 것들로 정하지만, 이것만으로도 게임이 성립하는 것을 기준으로 해야 합니다. 코너가 없는 직선 도로 레이싱 게임이 될 수도 있고, 절벽이 없는 플랫포머 게임이 될 수도 있습니다만 아무 상관없습니다. 지금은 어디까지나 프로토타입이고 여러분은 게임을 처음 만드는 입장이니까요.

명심하세요. 최대한 욕심을 버리고 단순한 것을 추구하셔야 합니다.

### (TIP)

기획 리스트 중 다른 조건이 전제되어야 하는 것들부터 삭제해 봅시다. 자연스럽게 기본적인 프로토타입 항목이 나올 것입니다.

# Day 7.
# 그래픽 리소스 선택하기

만들어야 할 항목을 정했다면 이제 아트 스타일을 정해야 합니다. 가장 먼저 정해야 하는 것은 아트 리소스를 2D와 3D 중 어느 방식으로 할 것인가입니다. 앞서 엔진을 선택하는 단계에서 이미 확정되었다면 다행이지만 그렇지 않다면 어떤 방식이 당신의 게임에 더 어울릴지 판단해 보세요. 2D와 3D는 눈에 보이는 차이만 있는 것이 아니라 개발에도 큰 차이가 있습니다.

2D 리소스는 말 그대로 평면적인 그림입니다. 요즘은 Live 2D나 스파인 같은 기능을 사용하거나 관절 애니메이션을 붙이기도 합니다만, 초보 입장에서 거기까지 할 수는 없겠지요. 단순한 평면 그림을 사용한다

고 생각하시면 될 것 같습니다. 반면 3D 리소스는 입체적인 형태를 취합니다. 단순히 모델링만 필요한 것이 아니라 애니메이션 파일도 함께 사용해야 합니다. 당연히 3D 리소스를 사용하는 것이 난도가 더 높기는 합니다만, 그만큼 더 리얼하고 그럴듯한 게임을 만들 수는 있겠지요.

사실 2D냐 3D냐는 엔진 선택 단계에서 이미 확정되어 있을 수도 있고, 그렇지 않더라도 에셋을 선택하며 이미 선정되었을 가능성도 높습니다. 앞서 3D를 사용하는 것이 더 어렵다고는 했지만 에셋에서 지원한다면 해당 리소스를 사용하는 것이 더 쉽겠지요.

같은 게임이라도 그래픽에 따라서 완전히 다른 느낌을 줄 수 있습니다. 귀여울 수도, 무서울 수도, 진지하거나 스타일리시한 느낌을 주는 것도 가능합니다. 만화풍인지, 영화풍인지도 다를 수 있고요. 평소 좋아하는 아트 스타일을 사용할지, 아니면 콘셉트에 맞는 아트 스타일을 사용할지를 판단해 보세요.

직접 리소스를 제작할 수 있다면 상관없지만, 만약 직접 제작하기 힘들다면 역시 에셋을 찾아보는 것도 좋은 방법입니다. 다양한 콘셉트의 아트 리소스가 에셋 스토어에 올라와 있으므로 그중에서 선택하시는 것도 좋고, 만약 2D를 선택하셨다면 생성형 AI를 사용해서 필요한 리소스를 그리실 수도 있습니다. 다양한 방법을 사용해서 게임에 사용할 리소스를 확보하시길 바랍니다.

물론, 여기에서 말하는 것은 프로토타입을 위한 리소스입니다. 그 이상을 만들 필요는 없으니 항상 스스로에게 물어보시기 바랍니다. 이 리소스가 지금 당장 필요한지를요. 그래픽은 눈에 잘 띄는 요소이기 때문에 리소스를 제작하다 보면 마음이 앞서나가게 될 가능성이 높습니다.

이렇게 찾은 리소스는 여러분의 프로젝트에 사용할 수 있는 형태로 준비되어야 합니다. 만약 에셋을 사용한 개발을 하고 계시다면 원본 에셋에서 가지고 있는 리소스 파일을 찾으세요. 사용하시려는 파일의 이름을 해당 파일과 동일하게 바꾸고 해당 폴더에 파일을 덮어쓰세요. 에셋을 실행해 보면 기본으로 들어 있던 리소스가 여러분이 덮어쓴 것으로 교체되어 있을 것입니다.

만약 에셋을 사용하지 않고 직접 게임을 개발하고 있다면 해당 엔진에서 제공하는 튜토리얼을 활용해 찾은 그래픽 리소스를 게임에 넣어보시기 바랍니다.

프로토타입에 들어갈 모든 그래픽 리소스를 게임에 넣는 것으로 Day 7은 종료됩니다.

## (TIP)

이 단계에서 정체된다면 두 가지 때문일 겁니다. Day 6의 프로토타입 항목이 명확히 정의되어 있는지 확인하세요. 분량이 너무 많다면 줄이세요. 리소스 파일이 사용 가능한 파일이 맞는지 확인해 보세요.

# Day 8.
# 프로토타입 리스트 기능 구현하기

드디어 가장 즐거운 시간입니다. 프로토타입 리스트에 있는 기능을 직접 구현해 봅니다. 이 단계에서는 기존에 코딩 능력이나 스크립팅 능력이 있다면 훨씬 수월하게 작업을 진행할 수 있습니다. Day 7에서 갖춰둔 그래픽 리소스를 활용해 Day 6에서 작성한 리스트를 만드는 과정이라고 보시면 될 것 같습니다.

만약 코딩 능력이 없다면 어떻게 해야 할까요? 만약 에셋을 사용하신다면, 기본적인 기능은 에셋에 모두 담겨 있습니다. 만들고 싶은 게임과 가장 비슷한 에셋을 선택하셨다면 더욱 수월할 것입니다. 문제는 코드를 읽고 분석하는 것이겠지요. 이 에셋의 속성이나 설정을 변경하면서 생각한 기능에 근접하게 조절해 보세요. 일반적으로는 속성창의 숫자만 바꿔도 많은 부분이 변경될 수 있습니다. 그래도 도저히 안 되겠다면 기존 에셋의 스크립트를 읽을 수 있는 수준까지는 학습해 보세요. 코드를 새로 짜는 것은 어렵지만, 기존에 있는 코드를 수정하는 것은 난도가 훨씬 쉽습니다. 코드를 수정할 때는 구글링을 하시거나 AI에게 질문을 하시면 쉽게 답을 얻을 수 있습니다.

에셋을 사용하지 않는 경우라면 직접 작성하셔야 합니다. 앞서 제가 소개한 엔진 중 하나를 사용하고 계시다면 일반적인 프로그램 코드 정도의 수준을 사용하는 경우는 없습니다. 쉽게 익힐 수 있는 수준이니 한번 시도해 보세요. 하나하나 공부를 한 뒤 구현하는 것은 추천하지 않습니다. 애초에 시간도 많이 부족할 테니까요. 관련 자료를 찾아보면서 구현해 나아가시기를 바랍니다.

기능을 구현할 때에는 수없이 플레이를 눌러보게 됩니다. 조금 거칠고 덜그럭거리더라도 프로토타입 리스트에 있는 기능들을 하나씩 구현해 보시고, 이를 서로 연결해 주세요.

이동하기와 점프하기를 만들었다면 이동하면서 점프하기도 가능할 것이고, 공격하기를 만들었다면 이동 중 공격하기와 점프 중 공격하기가 가능하겠지요. 데미지 판정을 만들었다면 적의 데미지 판정과 내 캐릭터의 데미지 판정이 가능해질 것입니다. 이처럼 프로토타입에 필요한 요소들을 만들었다면 이를 이어붙여 주세요.

기능들을 연결하는 과정에서 예상치 못한 문제가 발생할 수 있습니다. 예를 들어, 점프 중 공격을 구현했는데 캐릭터가 공중에 멈춰 있거나, 이동 속도가 너무 빨라서 화면을 벗어나는 등의 문제가 생길 수 있습니다. 이런 문제들은 게임 개발의 일부이며, 이를 해결해 나가는 과정에서 많은 것을 배우게 됩니다.

각 기능을 구현할 때마다 꼭 테스트를 해보세요. 한 번에 여러 기능을 구현하고 나서 테스트하면 어떤 부분에서 문제가 발생했는지를 파악하기 어려울 수 있습니다. 작은 단위로 구현하고 테스트하는 습관을 들이면, 나중에 큰 도움이 될 것입니다.

또한, 이 단계에서는 완벽함을 추구하지 마세요. 프로토타입의 목적은 게임의 핵심 메커니즘이 작동하는지 확인하는 것입니다. 그래픽이 조금 어색하거나, 애니메이션이 부자연스러워도 괜찮습니다. 중요한 것은 게임의 핵심 기능이 의도한 대로 작동하는지 여부입니다.

### (TIP)

만약, 하루 만에 도저히 해낼 수 없는 분량이라고 생각하시면 Day 6으로 돌아가서 프로토타입 리스트를 더욱 줄여주세요.

# Day 9.
# 테스트하며 밸런스 조정하기

가장 힘든 Day 8을 지나고 나면 이제부터는 쉬운 길들만 남아 있습니다. 특히 Day 9는 즐겁고 쉬우니 휴식할 수 있는 시간입니다.

여러분의 앞에는 구현된 기능들이 엉성하게나마 연결된 단순한 게임이 하나 놓여 있을 것입니다. 아마 현재 시점에서는 누군가에게 보여주기 부끄러운 수준이겠지요. 이것은 기능이 부족하거나 분량이 적어서가 아닐 겁니다. 기능은 붙어 있지만 막상 플레이해도 재미가 없어서일 가능성이 높습니다.

Day 9에서 할 일은 이 어설픈 게임을 계속 플레이하면서 수치를 조절하는 것입니다. 극단적으로 말해서 이동 속도가 지금의 10배가 된다면 게임은 어떻게 달라질까요? 반대로 0.1배가 된다면 어떻게 달라질까요? 적이 쏘는 총알의 속도가 빨라지고 느려진다면? 캐릭터가 한 대 맞으면 죽는 게임과 10대 맞아야 죽는 게임도 재미가 다르겠지요. 게임 내에서 점수를 얻는 것이 1점 단위인 것과 100점 단위인 것에서도 게임의 재미는 크게 달라질 수 있습니다. 즉, 여러분은 게임을 수없이 플레이하면서 가장 적합한 '숫자'를 찾아야 합니다.

고전 게임들을 떠올려보면 여러분이 작업하는 프로토타입 수준의 게임임에도 신기하게 재미있는 경우가 많습니다. 이것은 숫자의 마법, 밸런스 때문입니다. Day 8에서 고생하신 만큼 마음 편하게 게임을 해보시고 숫자를 조금 바꿔서 다시 게임을 해보세요.

게임의 밸런스는 단순한 수치 이상의 의미를 갖습니다. 게임의 몰입감을 포함해 전반적인 게임의 완성도를 높이는 데 큰 영향을 미치기 때문입니다. 따라서 조정하는 과정에서 게임을 플레이하는 유저의 감각이나 성취감, 동기 등을 고려하는 것도 필요합니다. 이에 대해서는 단순히 말로 하기는 어려운데요. 내가 이 게임을 처음 하는 게이머라고 생각하고 지정해 보시면 좋습니다.

단순히 수치 조정에만 그치지 말고 게임의 흐름을 느껴보시는 것도 필요합니다. 게임이 너무 단조롭지는 않은지, 너무 어렵거나 긴장감이 과도하지는 않은지 등을 고려하면서 섬세하게 수치를 만져보시기를 바랍니다. 이 과정에서 여러 형태로 실험해 보시는 것도 추천 드립니다. 한 번 정한 것으로 완벽하다고 생각하기보다는 여러 조합을 조정해 보면서 보다 재미있는 구성을 찾아보시면 좋겠습니다. 다음과 같은 질문을 해보세요.

이 수치의 중요도는 어느 정도인가?

이 수치를 변경했을 때 영향을 받는 요소는 무엇인가?

유저는 이 부분에서 어떤 감정을 느끼는가?

너무 어렵거나 너무 쉽지는 않은가?

비슷한 다른 게임들과 비교해 보면 어떤 특징이 있는가?

오늘 하는 일은 게임의 핵심 밸런스가 됩니다. 실제 게임회사에서 개발하는 큰 규모의 게임에서는 전투 밸런스, 경제 밸런스, 재화 밸런스, 무기 밸런스 등을 세

분화해 작업을 하게 됩니다만, 우리가 만드는 게임은 소규모 게임이기 때문에 거기까지 갈 필요는 없겠지요.

자신의 생각이나 기준에 갇히지 말고 자유롭게 수치를 바꾸며 놀아보시면 좋겠습니다. 그 과정에서 무언가를 발견하게 되면 더할 나위 없겠지요.

**(TIP)**

여러분이 생각하기에 최고의 수치를 찾았다고 생각된다면, 친한 지인에게 의견을 구해 보세요. 나의 감각과 타인의 감각은 다를 수 있으니까요.

# Day 10.
# 타이틀 화면 만들기

어떤 게임이든 켜는 순간 바로 시작되지는 않습니다. 게임의 제목과 메뉴가 표시되어 있는 화면이 먼저 나오고, '게임 시작'을 누르면 그제야 게임이 실행되는 것이 일반적이지요.

Day 10에서 할 일은 바로 그 첫 화면을 만드는 것입니다. 이것을 '타이틀 화면'이라고 합니다. 타이틀 화면에 필요한 것은 멋진 이미지 그리고 게임 제목, 마지막으로 1개의 버튼입니다. 이미지는 AI를 통해 출력하셔도 좋고, 현재까지 만든 게임 화면을 캡처하셔도 좋고, 게임 리소스들을 편집해서 만드셔도 좋습니다. 이미지 위로 게임 제목과 버튼이 얹어진다고 생각하세요.

게임 제목은 적절하게 정해 보시고 화면 상단에 띄워주세요. 이미지와 겹쳤을 때 잘 보이지 않으면 테두리를 더하거나 글자색을 바꿔보시면 좋을 것 같습니다.

마지막은 한 개의 버튼입니다. 현재는 한 개뿐이지만 추후 더 늘어날 수 있으니 적당히 자리를 잡아주세요. 이 버튼은 '게임 시작' 버튼입니다. 지금까지는 게임을 실행하면 곧바로 게임 화면이 등장했는데요, 이제 여러분은 게임 화면이 아닌 이 타이틀 화면을 실행해야 합니다.

마지막으로 버튼에 기능을 추가해 주세요. 이것은 엔진마다 조금씩 다르지만 한두 줄의 코드로 충분합니다. 앞서 만들어둔 게임 화면의 이름을 정해서 저장해 두시고 해당 화면을 불러들이는 코드를 입력하면 되니까요. 자, 이제 타이틀 화면까지 들어간 그럴듯한 게임이 되었습니다.

**(TIP)**

타이틀 화면을 통해 게임의 개성을 표현할 수도 있습니다. 다른 게임들을 참고해 보세요.

# Day 11.
# 게임의 다양성을 높이는 추가 콘텐츠 정하기

고작 열흘 만에 이제 타이틀 화면까지 갖춘 게임 하나가 완성되었습니다. 놀랍지 않나요? 하지만 여러분은 그래도 아쉬움을 느끼시겠지요. 아직까지는 게임이 단순해 보일 테니까요. 하지만 여기까지 오셨다면 거의 다 오신 것이나 마찬가지입니다. 이번에는 콘텐츠를 추가하려고 합니다.

게임 개발의 요소는 크게 시스템 개발과 콘텐츠 개발로 나뉩니다. 시스템은 규칙이 더해지고 콘텐츠는 요소가 더해진다고 생각하시면 이해하기 쉬우실 것 같습니다. 이제 현재 개발한 게임에 다양성을 더하기 위해 콘텐츠를 추가할 차례입니다.

예를 들어, 몬스터가 등장하는 게임이라면 몬스터를 2마리, 3마리로 늘려볼 수 있겠습니다. 무언가를 수집하는 게임이라면 수집 요소를 늘려볼 수도 있겠지요. 레이싱 게임이라면 코스를 늘릴 수도 있을 것이고, 홈런 더비 게임이라면 캐릭터나 야구 배트, 공을 다양하게 늘릴 수 있겠습니다. 어떤 것이 다양해져야 게임이 보다 좋아질지를 고민해 보세요.

새로운 것을 만드는 것이 아니라 기존에 있는 것을 복사해서 수정하는 개념에 가깝다고 보시면 더 편할 것 같습니다. 게임에 따라서 무엇을 더할지는 모두 다르며, 여러분의 기획 방향에 따라 달라지겠지요. 마음껏 상상해 보세요. 그리고 프로토타입 리스트를 작성한 것처럼 우선 리스트를 작성해 보세요. 역시 욕심이 과해서는 안 됩니다. 하루 정도의 시간 동안 추가할 수 있겠다 싶은 수준까지만 끊어주시면 되겠습니다.

콘텐츠를 추가하는 가장 큰 이유는 게임의 다양성을 높이기 위해서입니다. 사소한 것을 추가하더라도 하나하나 늘어날 때마다 유저가 게임이 확장되거나 다양해진다고 느끼게 된다면 충분히 좋은 콘텐츠 기획이라고 볼 수 있습니다.

게임의 스테이지를 다양하게 바꾸는 것도 좋은 방법일 수 있습니다. 똑같은 게임에서 배경만 달라지더라도 전혀 다르게 느낄 수 있을 테니까요. 정글에 있는 절벽을 뛰어넘는다면, 빙하 지역의 절벽을 뛰어넘는다면, 우주 공간에 있는 발판 위를 뛰어넘는다면, 게임은 동일하지만 전혀 다르게 느끼겠지요.

스토리 콘텐츠를 늘려서 캐릭터의 대사 등을 추가

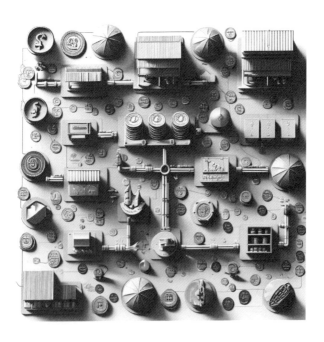

**제2부** 28일간의 게임 개발

해 보는 것도 좋은 방법 중 하나입니다. 물론 현재 우리 프로젝트에서 대사가 나오는 게임을 선택한 경우는 소수이겠지만, 렌파이를 활용한 비주얼 노벨을 개발하고 있다면 스토리나 대사가 충분히 새로운 콘텐츠가 될 수 있을 테니까요.

콘텐츠는 다양하며 얼마든지 상상할 수 있습니다. 그렇기에 게임업계에서도 상대적으로 많은 인원이 콘텐츠 제작에 전념하게 됩니다. 쉽게 상상할 수 있기 때문에 균형이 중요한데요, 너무 과도하게 많은 것을 추가하려고 하면 오히려 완성도가 떨어져 보일 수 있습니다. 한 번에 10개, 20개를 추가하기보다는 하나하나 추가하면서 완성도를 살펴보는 것이 좋습니다.

## (TIP)

추가 콘텐츠 정하기는 가장 재미있게 상상할 수 있는, 제약이 없는 단계이다 보니 과도해질 가능성이 높기도 합니다. 욕망을 통제하는 것이 가장 중요하다는 것을 잊지 말아야겠습니다.

# Day 12.
# 추가 콘텐츠 리소스

항목을 정했다면 이제 만들 차례입니다. 오늘의 작업은 쉽고 재미있게 하실 수 있을 것 같습니다. 추가하기로 한 것과 같은 종류의 기존 콘텐츠를 복사하세요. 그리고 그래픽과 수치를 조정하시면 됩니다.

  만약, 추가 콘텐츠가 몬스터라면 기존 몬스터를 복사하고 그래픽을 교체하세요. 속도를 높이면 빠른 몬스터가 될 것입니다. 체력을 높이면 잘 죽지 않는 몬스터가 되겠지요. 속도를 0으로 하면 제자리에 서 있게 만들 수도 있습니다. 이렇게 하나의 기존 개체를 가지고 복사해서 만드는 것을 베리에이션이라고 합니다. 게임을 하다 보면 초록 슬라임, 빨간 슬라임, 파란 슬라임처럼 색상만 다른 몬스터들을 발견할 수 있는데, 바로 이 원리로 제작된 것입니다.

추가 콘텐츠가 발판이나 지면일 수도 있습니다. 발판을 복사하고 이름을 바꾸세요. 그리고 그래픽 리소스를 교체하세요. 풀밭이나 벽돌로 된 발판을 만들 수도 있고, 얼음으로 되어 있어서 미끄러지는 지면을 만들 수도 있을 것입니다. 추가 콘텐츠를 점수 아이템으로 한다면 10점짜리 아이템을 베리에이션으로 만들어서 30점짜리 50점짜리 점수 아이템을 만들 수도 있고, 체력을 10 회복하는 회복약을 베리에이션으로 만들어서 100 회복하는 회복약을 추가로 만들 수도 있습니다. 적이 쏘는 총알을 다양하게 바꿀 수도 있겠지요. 파란 총알은 빠르게 날아오지만 데미지가 약하고, 붉은 총알은 느리게 날아오지만 데미지가 높은 형태가 될 수도 있을 것입니다.

기본 원리는 미리 만들어둔 것을 복사해서 수정하는 형태입니다. 일반적인 게임 개발에서는 복사하는 형태로 활용하는 것은 제한적으로 사용하는 방식이지만 처음 만드는 1인 개발 게임인 만큼 무난하고 쉬운 방법을 사용하는 것이 바람직합니다.

Day 11에서 정한 요소들을 재미있고 다양하게 추가해 보세요. 기존 개체를 복사하는 형태인 만큼 제약이 없지는 않습니다만, 제약을 넘어서는 순간 학습 요소가 많아지기 때문에 첫 게임이라면 무리하지 않는 것을 추천합니다.

콘텐츠를 추가할 때는 게임의 전체적인 밸런스를 고려해야 합니다. 예를 들어, 너무 강한 몬스터나 아이템을 추가하면 게임의 난이도가 급격히 올라갈 수 있습

니다. 반대로 너무 약한 요소들만 추가하면 게임이 지루해질 수 있죠. 적절한 균형을 찾는 것이 중요합니다.

또한, 새로운 콘텐츠를 추가할 때마다 기존의 게임 플레이에 어떤 영향을 미치는지 꼭 테스트해 보세요. 예를 들어, 미끄러운 얼음 발판을 추가했다면, 이 발판 위에서 플레이어 캐릭터가 어떻게 움직이는지, 기존의 게임 메커니즘과 잘 어울리는지 확인해야 합니다.

결국은 무언가를 추가할 때마다 테스트를 해야 합니다. 하지만 테스트를 지겨운 일로 여겨서는 안 됩니다. 테스트 역시 충분히 즐거운 일이라고 생각하시기 바랍니다. 내가 상상하는 것들이 계속해서 더해질 수 있으니까요.

마음껏 즐기면서 작업하세요. 새로운 콘텐츠를 만들고 게임에 추가하는 과정은 게임 개발에서 가장 재미있는 부분 중 하나입니다. 다양한 아이디어를 시도해 보고, 예상치 못한 조합으로 재미있는 결과가 나오는 것을 경험해 보세요.

## (TIP)

즐기세요!

# Day 13.
# 콘텐츠 추가 후 테스트하기

무언가를 추가한다면 다음에 해야 할 일은 명확하겠지요? 네, 맞습니다. 제목에 있는 것처럼 테스트를 하며 조정을 해야 합니다. 콘텐츠를 추가해 게임이 너무 어려워지지는 않는지, 좁은 공간에 갑갑하게 채워진 것은 아닌지를 꼼꼼히 살펴야겠습니다.

재미에 대한 검증을 통해 분량이나 시간을 적당히 조절하면서 추가된 콘텐츠를 재배치하는 단계라고 생각하시면 좋을 것 같습니다.

재미있게 재배치만 하면 Day 13은 종료되는 것일까요? 콘텐츠 추가나 베리에이션은 예기치 못한 상황을 만들어내기도 합니다. 예를 들어, 몬스터가 여러 마리가 될 때 서로 겹치게 될 수도 있고, 색상 베리에이션을 하다 보면 배경색과 겹쳐져 몬스터가 보이지 않게 되는 경우도 있습니다. 100개를 모으면 라이프가 1개 늘어나는 코인 아이템을 베리에이션해서 3개짜리 코인을 만들었다고 상상해 봅시다. 99개인 상태에서 3개짜리 코인을 획득하면 102개가 되겠지요. 이때 남은 2개는 소멸하는 것인지, 아니면 라이프를 1개 획득하고 2부터 시작하는 것인지도 결정해야 합니다.

Day 13은 이처럼 앞서 추가한 콘텐츠들이 게임에서 제대로 기능하도록 조정하는 날이라고 생각하시면 좋을 것 같습니다. 의외로 빨리 끝날 수도 있고, 의외로 오래 걸릴 수도 있겠네요. 만약 너무 빠르게 끝났다면 Day 12와 Day 13을 묶어 콘텐츠를 한두 개 더 추가해 보세요.

## (TIP)

테스트를 할 때는 반드시 다른 사람에게도 의견을 구하세요. 나의 기준이 타인의 기준과 다를 수 있습니다.

# Day 14.
# 추가 시스템 정하기

이제 점점 자신감이 생기실 겁니다. 게임 자체는 단순하지만 콘텐츠가 많아졌으니까요. 이쯤되면 한 가지 욕심이 생깁니다. 게임의 단순함을 보완하고 싶어지는 것이지요. 현재 프로토타입에 콘텐츠를 추가했다면, 이번에는 시스템을 추가하는 단계로 나아가야 합니다.

시스템은 쉽게 말하자면 '기능'과 같습니다. 점프밖에 못 하던 캐릭터가 공격을 할 수 있게 된다면 기능이 추가된 것입니다. 단순 점수 아이템만 있는 게임에서 동전을 모으면 라이프가 늘어나는 아이템을 만드는 것도 기능을 추가한 것입니다. 정확히 말하자면 새로운 기능이 추가된 아이템이 생기는 것이겠지요. 어떤 슈팅 게임에서는 적에게 격추당했을 때 그냥 폭발해서 죽는 것이 아니라 그동안 획득한 아이템을 주변에 흩뿌리며 폭발하기도 합니다. 이것도 기능을 추가해 그런 것이겠지요.

기능이라는 말이 잘 와닿지 않는다면 '규칙'이라고 이해하셔도 좋습니다. 스테이지의 마지막 지점에 도착하면 클리어하는 게임에 시간제한 시스템을 추가한다면, 이는 게임의 기본 규칙이 달라지는 것이겠지요. 아이템에 닿으면 바로 획득하게 되는 게임에서 아이템을 획득하는 조작이 더해진다면 이것도 아이템 획득 규칙이 달라지는 것입니다. 이처럼 시스템은 게임의 규칙이나 메커니즘을 통틀어 이야기한다고 보시면 될 것 같습니다.

시스템은 콘텐츠와 달리 기존에 존재하지 않은 새로운 기능이나 규칙을 추가해야 합니다. 따라서 기본적으로는 프로그램 중심으로 작업을 진행하게 됩니다. 하지만 너무 걱정하지는 마세요. 어떤 시스템을 추가할지는 여러분이 정하게 될 테니까요.

우선, 추가하고 싶은 기능이나 규칙을 나열해 주세요. 자유롭게 많이 하셔도 좋습니다. 그중에서 우리는 선택적으로 시스템 작업을 할 테니까요. 추가하고 싶은 기능을 리스트업한 뒤, 이를 하나하나 체크합니다. 이때 세 가지를 고려합니다.

## 시스템들 간의 상관관계

프로토타입 리스트를 작성할 때처럼 하시면 됩니다. 먼저 선행되지 않으면 성립하지 않는 시스템들은 우선순위에서 뒤로 빼주세요. 그 외에 동시 구현이 되거나 둘 중 하나를 구현하면 다른 하나가 불가능한 항목도 정리해 주세요.

## 기능을 만드는 데 필요한 기술 수준

당연한 이야기지만 이 리스트는 여러분이 직접 만들어야 하는 항목입니다. 시스템은 대부분 프로그램 코딩을 통해 작업하게 되기 때문에 난도가 천차만별일 것입니다. 기존에 있는 것을 재활용하거나 응용해서 할 수 있는 것인지, 하나부터 열까지 직접 만들어야 하는 것인지를 확인해 보시고 쉬운 것 위주로 우선순위를 잡아주세요.

## 내가 가장 원하는 시스템은?

이러니저러니 해도 결국은 내가 만들고 싶은 게임을 만드는 것이 목적이므로 여러분이 원하는 것은 어떤 것인지를 확인해서 우선순위를 정해 주세요.

대체로 시스템은 코딩이 들어가는 경우가 많습니다. 따라서 최소한의 코딩 실력이 필요하기도 합니다. 만약 스크립트나 코딩에 자신이 없다면 우선순위가 바뀌게 될 수 있겠지요. Day 14에서 시스템 리스트를 정하는 것에는 이런 서치 과정도 포함됩니다. 어떤 기능을 더할지 고민해서 리스트를 작성해 보세요.

### (TIP)

계속 말씀드리는 말이지만, 욕심을 최대한 버리세요.

# Day 15.
# 추가 시스템 구현하기

추가하기로 결정한 시스템을 구현하는 단계입니다. Day 14에서 구현 난도를 고려해 리스트를 작성하셨다면 큰 어려움 없이 진행할 수 있습니다. Day 13에서 콘텐츠를 추가하면서 예기치 못한 문제들이 발생하는 것을 이미 경험하셨지요? 시스템을 추가하는 것은 콘텐츠를 추가하는 것보다 더욱 다양한 문제가 발생할 수 있습니다.

직접 코드를 사용한다면 그나마 다행이지만, 생각한 시스템을 가지고 있는 에셋이나 외부 코드를 사용할 경우에는 충돌이 발생할 가능성이 더욱 높습니다. 대체적으로는 변수나 함수명이 문제인 경우가 많습니다. 불일치되거나 겹치는 형태로 문제가 생기지요. 혹은 에셋이나 코드가 현재 사용하는 엔진 버전과 맞지 않는 경우일 수도 있습니다. 따라서 외부에서 무언가를 가져오실 때에는 현재까지 개발한 게임과 충돌되지 않는지를 세심하게 확인해 보셔야 합니다.

콘텐츠를 추가하는 경우에 문제가 생긴다면 해당 콘텐츠를 삭제하는 것으로 대부분 해결될 수 있지만, 시스템을 추가하는 경우에는 코드를 건드는 경우가 많기 때문에 돌이킬 수 없는 상황이 벌어질 수도 있습니다.

반드시 작업하기 전에 현재 버전을 따로 저장해 두세요. 프로젝트 이름에 날짜 등을 표기하는 것도 좋은 방법입니다.

추가 시스템을 작업하다가 너무 어렵게 느껴진다면 과감하게 포기하시고 두 번째 우선순위의 시스템을 추가해 보세요. 개발 경험이 적다면 난도 산정이 잘못된 경우도 있으니까요.

## (TIP)

여기까지 오셨다면 무리하지 않는 것이 중요합니다. 지금까지 해온 모든 것을 망칠 수도 있으니 항상 주의하세요.

# Day 16.
# 시스템 추가 후 테스트하기

이전에 신규 콘텐츠 작업을 한 뒤, 하루 동안 테스트를 하면서 세부 수치를 조정했던 적이 있었지요. 마찬가지로 Day 16도 기능이 추가된 게임을 플레이하면서 세부 사항을 조정하고 충돌이 발생한 부분을 수정하는 단계입니다. 콘텐츠를 추가할 때에는 재미를 중심으로 조정을 했지만 오늘은 재미보다는 안정성을 우선해야 합니다.

여러분이 추가한 기능이 작동하는 여러 상황을 산정해서 테스트해 보세요. 이번에 공격을 추가했다면 적과 동시에 공격했을 경우의 처리나 공격 입력을 과도하게 했을 때 문제가 생기지 않는지를 확인해 보세요. 입력 방식을 바꾸거나 다른 요소와 동시 입력 시에 문제가 없는지도 체크해 보세요.

콘텐츠는 기존에 있던 것에 항목을 더하는 것이기 때문에 재미가 중요한데, 반면에 시스템은 기존에 없던 것을 만드는 것이므로 안정성이 더 중요합니다. 시스템을 활용한 재미는 또다시 콘텐츠 추가를 통해 진행하면 됩니다. 물론, 재미를 목적으로 한 시스템이 없는 것은 아닙니다만 어디까지나 처음 게임을 개발하는 사람이라면 안정성을 우선해야 한다는 점을 인지하세요.

여기까지 진행하시면 시스템과 콘텐츠를 어느 정도 구분하실 수 있을 것 같습니다. 실제로 대규모 게임 개발을 할 때에도 시스템 개발과 콘텐츠 개발을 분리해 진행하기도 합니다. 자신에게는 어느 쪽이 더 잘 맞는지 생각해 보세요.

## (TIP)

안정적으로 돌아가는지 확인하기 위해 시간이 허락하는 선에서 테스트를 최대한 많이 해보시기 바랍니다.

# Day 17.
# UI 기획하기

게임도 잘 돌아가고 시스템이나 콘텐츠를 추가하는 경험도 해보았습니다. 하지만 무언가 부족하지요? 일반적인 게임에서는 캐릭터의 상태나 점수가 보이기도 하고, 마우스나 터치를 사용한다면 클릭해야 하는 버튼이 존재하기도 합니다. 게임과 유저를 연결해 주는 요소를 유저 인터페이스, UI라고 합니다. 현재 게임에는 UI가 빠져 있겠네요.

항상 그렇듯이 첫 단계는 기획입니다. 현재까지 개발된 게임에서 유저에게 전달되어야 하는 정보로는 어떤 것이 있는지 적어보세요. 점수와 생명 등이 있을 수 있고, 레이싱 게임이라면 속도 표시, 한 번에 죽는 게임이 아니라면 체력 표시가 필요할 수도 있겠네요. 이 정보들은 게임 화면에 어떤 형태로 표시해야 할까요? 박스 안에 숫자로 표시할까요? 아니면 하트 개수나 막대형 게이지로 표시할 수도 있겠지요. 이를 정하는 것이 바로 UI 기획입니다.

이처럼 정보 표시를 위한 요소가 있는가 하면, 다시 하기 버튼이나 게임 시작, 게임 종료 버튼처럼 유저의 입력을 받는 요소도 필요합니다. 버튼 위에는 글자가 표시되어 있을까요? 동그란 버튼일까요? 아니면 네모난 버튼일까요? 인터넷 주소창처럼 누르면 리스트가 나오는 형태일 수도 있겠지요. 단순히 누르는 것이 아니라 드래그하는 방식의 입력 UI일 수도 있습니다. 이런 부분 역시 기획 단계에서 정해야겠지요.

정보 표시와 입력 등 두 가지를 예로 들었습니다. 눈치 채셨겠지만 UI는 이제까지와는 달리 리스트 형태로 작성해서는 기획하기 힘듭니다. 위치나 크기, 형태까지 모두 필요하기 때문이지요. 실제 화면을 기준으로 간단하게 직접 그려보시는 것을 추천합니다. 디테일하고 화려한 디자인은 필요 없습니다. 배치와 크기, 형태 정도만 알아볼 수 있으면 충분합니다. 종이에 손으로 그려보셔도 좋고, 파워포인트나 피그마 같은 툴을 사용하셔도 상관없으니 편한 형태로 작성해 보세요. 혼자 개발하는 게임이니 여러분 스스로 알아볼 수준이면 충분합니다.

여기에서 UX를 고려할 수 있다면 더욱 좋겠지만, UX라는 단어가 익숙하지 않다면 크게 신경 쓰지 않으셔도 무방합니다. UX는 유저 경험을 의미합니다. 우리는 다양한 게임을 하면서 경험을 쌓아갑니다. 그렇기 때문에 딱히 설명해 주지 않더라도 익숙한 것들이 생기게 되지요. 자물쇠 모양의 아이콘은 이 객체가 현재 잠겨 있지만 나중에 열리게 될 것임을 암시합니다. 'New' 표시가 붙어 있다면 새로운 업데이트가 있음을 알려주지요. 이처럼 경험에 의해 알고 있는 것에 맞추는 것이 UX의 첫 번째입니다.

UX의 두 번째 요소는 사용자의 편의성에 맞추는 것입니다. 예를 들어, 오른손을 많이 사용하는 게임이라면 버튼이 오른쪽에 있는 것이 더욱 편하겠지요. 스마트폰 게임이라면 버튼 크기가 손가락 크기보다 작으면 누르기 힘들 것입니다. UI의 크기가 너무 작으면 인지하기가 힘들겠지만, 그렇다고 너무 크면 화면을 가리는 문제가 생기겠지요. 이런 균형을 맞추는 것도 UX의 역할입니다.

오늘은 UI를 기획만 하는 단계이니 다양하게 생각해 보며 준비해 보세요. 판단하기 힘들다면 비슷한 다른 게임을 참조해 최대한 비슷하게 배치하시는 것도 좋습니다. 그것만으로도 불편하지 않은 수준의 UI를 기획하실 수 있을 테니까요.

### (TIP)

화려한 동작이나 이팩트, 디자인이 들어간 것은 지양하세요. UI 제작에만 생각보다 많은 시간이 필요할 수 있습니다.

# Day 18.
# UI 리소스를 제작하거나 구매하기

이제 감이 생기실 거예요. 기획을 한 다음에는 구현에 들어갈 차례겠지요? 우선 화면에 보이는 창이나 버튼 같은 UI 리소스를 먼저 준비해야 합니다. 여러분이 한 기획에 맞게 배치할 수 있는 각 요소들을 개별적으로 만들어야겠지요.

만드는 방법은 이전에 했던 콘텐츠 제작과 비슷합니다. 첫 번째로 UI 에셋이나 리소스를 온라인에서 검색 후 구매하는 방식이 있습니다. 이 경우는 종종 연출이나 애니메이션까지 포함되어 있기도 합니다. 혹은 세트로 판매를 해서 디자인 톤에 맞는 UI를 한 번에 수집할 수 있는 장점도 있지요. 단점은 UI에 따라서는 해당 리소스에서 지원하는 위치나 형태만 사용할 수 있는 제약이 있다는 점입니다.

두 번째 방법은 직접 제작하는 것입니다. 포토샵이나 일러스트레이터 등 일반적인 그래픽 툴을 사용할 수 있다면 직접 그리시는 것도 괜찮습니다. 혹은 생성형 AI를 통해 기본적인 형태를 만들고 이를 리터칭해서 작업할 수도 있겠지요.

리소스를 제작하는 데 있어 고려해야 할 것은 그 안에 표시될 글자나 숫자의 크기와 자릿수, 줄수입니다. 이를 고려해 리소스를 작업하시고 게임상에 배치해 보세요. 크기 조절과 회전, 색상도 바꿔가면서 그럴듯하게 만들어보세요.

엔진에 따라서는 UI 캔버스라는 형태를 사용하기도 하고, 화면을 기준으로 배치하기도 합니다. 어느 쪽이든 난도가 높지 않고 재미있게 배치할 수 있으니 시도해 보시기 바랍니다.

**(TIP)**

지금까지 제작해 놓은 게임의 그래픽 또는 스타일과 톤을 맞춘다면 더욱 그럴듯하게 보일 것입니다.

# Day 19.
# UI 기능 구현하기

여러분이 만든 게임 화면에는 여러 UI가 표시되어 있을 것입니다. 오늘 할 일은 이렇게 만든 UI 리소스에 적절한 수치를 표시하거나 버튼 기능을 연결하는 단계입니다.

수치를 표시하기 위해서는 변수의 개념을 이해해야 합니다. 우리 눈에 보이지 않고 있었지만 게임이 구동되는 동안 어떤 숫자들이 기준이 되어 동작하고 있었을 것입니다. 이 숫자들을 변수라고 하며, 각 항목별로 다른 이름을 가지고 있습니다. 지금까지 개발한 내용을 살펴보세요. 엔진에 따라서 속성 창에 있을 수도 있고, 혹은 코드 안에 변수가 지정되어 있을 수도 있습니

다. 변수 지정 방식은 언어와 구조에 따라 다르기 때문에 명확하게 설명드리기는 쉽지 않습니다만, 일반적으로 코드 앞부분에 배치되어 있습니다. 잘 모르겠다면 코드를 긁어서 AI에게 질문하거나 주변에 도움을 요청하세요.

어떤 변수가 어떤 값을 담고 있는지를 파악하고 나면 여러분이 만든 리소스 위치에 해당 변수를 지정하기만 하면 됩니다.

UI 버튼의 경우에는 화면을 전환하거나, 새로운

화면을 띄우거나, 혹은 게임을 시작하고 종료하는 정도가 대부분이겠지요. 이 기능의 구현은 한두 줄의 코드로 가능한 수준이니 어렵지 않게 하실 수 있습니다. 사용하시는 엔진이나 언어에 맞게 검색해 보세요.

UI의 경우는 기능 구현까지 마치고 나면 별도 테스트는 하지 않습니다. 이후 모든 테스트에 공용으로 들어가는 부분이니까요. Day 19에 시간이 남으면 테스트에 할애하며 조정해 보시기 바랍니다.

## (TIP)

UI를 구현만 할 뿐, 연출에는 신경 쓰지 마세요. 애니메이션, 이펙트 모두 한 번 시작하면 걷잡을 수 없이 할 일이 늘어날 수 있습니다.

# Day 20.
# 기기 테스트하기

오늘은 지금까지의 단계 중 가장 즐거운 시도가 될지도 모르겠습니다. 이 게임을 만들 때 플랫폼을 생각해 두셨지요? 해당 플랫폼으로 빌드(Build)를 진행해서 직접 테스트해 보는 단계입니다.

사용하시는 엔진에 따라 위치는 다릅니다만, 빌드 메뉴가 있을 것입니다. 일반적으로는 File 메뉴에 있으니 확인해 보세요. 거의 모든 엔진이 PC 빌드를 무료로 제공하고 있는데요, 우선 PC 빌드를 실행해 보세요. 일정한 단계를 거쳐 지금까지 만든 게임이 EXE 파일로 만들어지게 될 것입니다. 이를 클릭해서 설치하거나 실행해 보세요. 게임은 잘 돌아가나요?

PC용 게임을 개발할 예정이었다면 여기에서 끝이지만, 모바일이나 콘솔, VR 등 다른 플랫폼을 생각하셨다면 빌드 세팅을 확인해 보시기 바랍니다. 엔진에 따라서 특정 플랫폼은 유료로 제공하는 경우도 있습니다. 원하시는 플랫폼으로 세팅한 뒤 빌드를 실행하세요. 이번에는 다소 생소한 확장자 명의 파일이 생성될 텐데요. 이를 생각하신 플랫폼에 직접 설치하시면 게임을 실행하실 수 있을 거예요.

엔진에 따라서는 빌드 세팅 중에 해상도와 같은 일반 사항을 지정할 수도 있고, 아이콘 등의 요소를 세팅할 수도 있으니 미리 준비해 두셔도 좋을 것 같습니다.

이렇게 설치한 기기에서 직접 게임을 플레이해 보세요. 불편하지는 않은지 확인해 주시고 난도도 체크해 주세요. PC로 할 때와 다른 플랫폼으로 할 때의 난도가 다르게 체감될 수도 있습니다.

**(TIP)**

빌드 파일도 날짜 및 시간별로 버전 관리를 해두시는 것이 좋습니다. 잘못된 세팅으로 돌이킬 수 없는 일이 벌어질 수도 있으니까요.

# Day 21.
# 이후의 방향성 결정하기

여기까지 하셨다면 게임의 전체적인 모습은 완성되어 있을 것입니다. 하지만 여러분은 당연히 지금 상태에 만족하지 않겠지요. 그래서 딱 한 번만 더 추가 작업을 진행할 예정입니다. 누누이 말씀드렸듯이 게임 개발에 있어 가장 중요한 것은 욕망 통제입니다. 여러분의 머릿속에 있는 게임을 온전히 완성하려면 개발 시간은 끝없이 늘어날 수밖에 없습니다. 따라서 적당한 수준에서 포기하는 것도 중요합니다. 마지막으로 한 번만 더, 추가 개발할 요소를 생각해 봅시다. 다음 세 가지 중 하나겠지요.

시스템 추가하기

콘텐츠 추가하기

UI 추가하기

　각 요소를 추가하는 것 이외에 조정이 필요할 수도 있습니다. 일반적으로 게임을 조정한다면 다음 중 하나 일 것입니다.

게임의 난도 밸런스 조정하기

UI 편의성 조정하기

맞지 않는 아트 톤 조정하기


    당연히 정답은 없습니다. 여러분이 생각하는 방향을 정하세요. 남은 며칠간 어떤 작업을 하는 것이 게임에 좋을지를요. 위에서 말한 3가지 추가 요소나 3가지 조정 요소 중 한 가지만 선택하시기를 강력하게 권고드립니다.

### (TIP)

도저히 포기할 수 없는 부분이 있다면 우선순위를 정해서 그중 한 가지만 선택하세요. 4주간의 개발을 일단락 짓고 나서 추가하시는 것도 가능하기 때문입니다. 1차 완성을 위해 우선 한 가지만 진행합시다.

# Day 22.
# 방향성에 맞춘 추가 UI 개발하기

앞서 정한 추가 개발 요소를 진행하는 날입니다. 시스템이나 콘텐츠를 추가하는 것은 이미 해보셨고 UI 추가는 UI 개발과 큰 차이가 없으니 어렵지 않게 진행하실 것 같습니다.

게임의 난도 밸런스 조정은 결국 숫자를 바꾸며 지속적으로 테스트를 진행해야 합니다. 다만, 혼자서 테스트를 하다 보면 난도가 상향될 수 있으니 주의하세요. 테스트를 하면 할수록 이 게임에 익숙해질 수 있으니까요.

UI 편의성 조절은 여러 가지 형태가 있습니다만, 가독성을 위해 텍스트 창을 키우거나 글자색을 바꾸거나 폰트를 조절하기 등이 있습니다. 혹은 테두리를 그리거나 UI 창의 크기를 조절할 수도 있겠지요. 특정 정보를 표시하는 것 이외에 조작을 위한 UI라면 위치나 크기를 조절해야 할 수도 있습니다. 이 과정에서는 UX를 감안하면 좋을 텐데요. 비슷한 장르나 플랫폼의 다른 게임과 비교해 보시는 것을 추천드립니다.

아트 톤을 조절한다면 결국 리소스 교체 또는 추가 형태로 진행될 것입니다. 이 역시 콘텐츠 개발을 하면서 여러 번 반복해 본 작업이실 테고, UI 개발 시에도 비슷한 작업을 했기 때문에 큰 문제 없이 진행하실 거라고 생각합니다.

앞서 언급한 6가지 이외에 자신만의 다른 추가 개발 요소를 정했다면 가급적 하루 만에 끝내도록 하세요. 이 단계도 끝없이 늘어질 수 있는 단계이므로 적절하게 끊어내시길 바랍니다.

## (TIP)

만약 하루 내에 작업을 끝내지 못했다면 작업을 시작하기 이전 버전으로 되돌려주세요.

# Day 23.
# 엔딩과 스탭롤

마지막으로 한 가지 빠진 것이 있습니다. 바로 엔딩입니다. 스토리가 있는 게임이라면 결말 부분이 되겠지요. 게임의 형태에 따라 엔딩의 형태도 다양합니다. 물론 스토리가 존재하지 않거나 엔딩이 없는 게임도 있으니 너무 고민할 필요는 없습니다. 하지만 단순한 이미지 한 장이라도 엔딩이 있는 편을 조금 더 추천드립니다.

엔딩 다음에는 스탭롤입니다. 만약 스토리가 없는 게임으로 엔딩이 필요 없더라도 스탭롤은 꼭 만들어 보세요. 영화가 끝나고 만든 사람들의 이름이 올라가는 장면을 보신 적이 있으신가요? 이것이 스탭롤입니다. 물론, 여러분이 만드신 게임은 혼자 완성했기 때문에 한 사람의 이름만 들어갈지도 모르겠습니다. 여러분의 이름을 자랑스럽게 써서 연출해 보세요. 허전하다면 'Special Thanks'라는 문구로 평소에 감사했던 분들의 이름도 넣어보세요. 개발을 하며 크고 작은 도움을 받은 분들을 추가해도 좋습니다. 게임을 마지막까지 클리어한 사람에게 감사 인사를 남기시는 것도 추천드립니다.

이렇게 엔딩 장면을 만들었다면 게임의 클리어 조건에 연결해 두세요. 엔딩이 끝나고 나면 다시 타이틀 화면으로 연결해 두시면 되겠지요. 이를 통해 게임을 시작하고, 실패한 뒤에 타이틀 화면으로 되돌아오는 것 이외에 마지막까지 클리어한 이후 타이틀 화면으로 돌아오는 것까지 구성이 되었을 것입니다. 이제야 온전히 갖춰진 구성이 되었겠네요.

축하합니다. 이제 게임은 거의 완성되어갑니다. 이제부터는 더 이상 추가할 것은 없으니 안심하세요.

## (TIP)

엔딩은 게임을 클리어한 사람에게도, 개발한 사람에게도 보람을 느끼게 하는 화면입니다. 마음껏 꾸며보세요.

# Day 24.
# 전체 게임 테스트하기

현재까지 완성된 게임을 테스트하는 단계입니다. 테스트를 하며 버그를 찾고 문제가 있는 사항들을 메모해 두세요. 기능이나 안정성 이외에 재미에 대한 테스트를 하셔도 무방합니다. 오늘은 하루종일 게임을 하는 날이라고 생각하시면 됩니다. 타이틀과 엔딩을 포함한 게임의 모든 부분을 점검해 보세요.

리스트가 추가될 때마다 그중 우선순위를 지정해 주세요. 모든 리스트를 해결할 수 있으면 좋겠지만, 그렇지 못한 경우에는 중요한 문제들부터 해결해야 합니다. 리스트를 작성할 때는 다음 사항을 감안해 주세요.

선결되어야 하는 문제가 있는가?

얼마나 치명적인 문제인가?


버그나 해결해야 할 문제들의 경우에는 원인과 결과의 형태로 연결되거나 하나를 해결했을 때 동시에 해결되는 경우가 있습니다. 혹은 선결 문제를 해결하지 않으면 문제 해결 여부를 확인할 수 없는 경우도 있지요. 이런 부분을 감안해 우선순위를 정하는 것이 필요합니다.

두 번째는 해당 요소의 심각성입니다. 얼마나 자주 발생하는 문제인지, 이를 방치했을 때 얼마나 심각한 상황이 발생하는지를 체크하셔서 우선순위를 정하세요. 게임이 꺼지거나 데이터가 삭제된다면 최우선으로 해결해야 할 부분이겠지만, 점수가 조금 더 들어온다거나 덜 들어온다거나 특정 몬스터에게 문제가 있는 경우는 우선순위에서 밀려날 것입니다.


## (TIP)

실상은 테스트를 하며 마지막 수정할 부분을 체크하는 것이지만, 그래도 게임을 즐기며 테스트를 진행하세요. 그래야 재미 요소도 검증할 수 있을 테니까요.

# Day 25.
# 버그 수정 및 최적화

오늘은 어제 작성한 리스트를 보고 수정을 진행하는 단계입니다. 우선순위에 따라 하나씩 고쳐 나가세요. 리스트를 전부 달성할 수 있으면 좋겠지만, 꼭 그럴 필요는 없습니다. 우선순위에 따라 치명적인 버그부터 수정하세요. 게임이 종료되거나 진행이 불가능한 상황이 모두 해결되었다면 잠시 멈추세요. 이번에는 최적화에 대한 이야기를 잠시 하겠습니다.

최적화는 게임을 효율적으로 구동시키는 것입니다. 실제로 개발자에게 최적화는 난도가 높은 작업이며 장기간 작업을 해야 합니다. 때로는 특별한 기술을 사용하기도 합니다. 하지만 우리는 거기까지 할 필요는 없겠지요? 두 가지 형태의 최적화를 진행하려고 합니다.

용량 줄이기
메모리 최적화

현재의 빌드에는 불필요한 요소들이 잔뜩 추가되어 있습니다. 에셋을 사용하거나 외부 리소스를 사용했다면 통째로 게임에 삽입되기 때문이지요. 따라서 폴더를 체크하며 현재 게임에서 사용되지 않는 요소들을 삭제해 나가봅시다. 겉보기에는 불필요해 보이지만 실제로는 활용되는 요소들도 있으니 중간중간 자주 저장해 주세요.

메모리 최적화는 조금 더 난도가 있습니다. 게임에서 어떤 동작을 실행할 때 빠르고 쾌적하게 진행할 수 있도록 하는 것인데요. 리소스들의 폴더를 정리하거나 코드를 정리하고 스프라이트를 아틀러스 형태로 묶는 등의 작업을 진행할 수 있습니다. 메모리 최적화가 힘들다면 무리하지는 마세요. 복잡한 게임이 아니니 안 해도 그만일 테니까요.

**(TIP)** 최적화는 필수 작업은 아닙니다.

# Day 26.
# 게임의 퀄리티를 높이는 폴리싱과 사운드

현재 거의 완성된 게임을 보면서 시각적으로 아쉬운 부분들이 있으신가요? 오늘은 그래픽을 다듬는 작업을 하는 날입니다. 텍스처의 해상도를 변경할 수도 있고, 표정이 어색하다면 살짝 바꿔보셔도 좋습니다.

1차 폴리싱은 현재 게임에 사용된 그래픽 리소스를 수정하고 다듬는 단계입니다. 현재까지 거칠었던 톤앤 매너도 맞춰가시면 좋겠지요. 이 단계에서는 리소스 교체 이외에 색상이나 명암 조절 등으로 시각적인 품질을 높일 수 있습니다. 예를 들어, 호러 게임이라면 조명을 어둡게 하고, 귀여운 게임이라면 밝게 수정해 게임의 분위기를 살릴 수도 있겠지요.

2차 폴리싱은 애니메이션이나 동작을 추가하는 단계입니다. 이미 들어가 있다면 타이밍이나 속도를 조절해 자연스럽게 만들어주세요. UI에도 애니메이션을 추가할 수 있습니다. 애니메이션은 프레임이 높을수록 부드럽게 보여질 수 있지만 과해도 좋지 않습니다. 역시 여러 번 수정하면서 우리 게임에 맞는 수준을 찾아보세요.

3차 폴리싱은 이펙트를 더하는 것입니다. 캐릭터 이펙트나 UI 이펙트뿐 아니라 화면 전환 시에도 이펙트를 추가하는 것이 가능합니다. 여기까지 진행하면 그래픽 요소는 완료됩니다.

시각 이외에 폴리싱을 할 수 있는 요소는 무엇이 있을까요? 바로 사운드입니다.

BGM을 넣어 게임의 분위기를 살려봅시다. BGM을 넣는 것은 매우 단순합니다만, 루프 여부를 어떻게 할지는 한번 고민해 보세요. 당연한 이야기지만 게임의 상황과 분위기에 맞는 BGM을 선정해야 합니다. 격정적인 음악을 사용할지, 서정적이고 신비로운 음악을 사용할지에 따라서 게임의 분위기는 크게 달라집니다. 물론 게임의 아트 스타일과 일치되어야겠지요. 동물의 숲처럼 아기자기하고 귀여운 분위기에서 헤비메탈 음악이 나온다면 어울리지 않을 테니까요.

BGM보다 더욱 중요한 것은 SE, 사운드 이펙트입니다. 충돌할 때 들리는 퍽 소리, 버튼을 누를 때 들리는 딸깍 소리, 무기를 휘두르는 소리, 동전 아이템을 획득할 때의 동전 소리 등 다양한 SE를 추가하는 것만으로도 게임의 퀄리티가 급상승할 것입니다. SE 추가에서 가장 중요한 포인트는 타이밍입니다. 폭발하는 장면이 나오고 한참 뒤에 "펑!" 하는 소리가 나면 어울리지 않겠지요? 먹는 소리가 먼저 들리고 나서 화면의 아이템이 사라져도 이상할 것입니다. 비가 그친 이후에 빗소리가 나는 것도 이상하지요. SE의 경우는 타이밍을 섬세하게 맞추지 않으면 없느니만 못할 수도 있으니 꼭 신경 써 주세요.

BGM도, SE도, 심지어 VOICE에도 중요한 것은 볼륨입니다. BGM보다 SE 소리가 더 커야 할지 작아야 할지, 동시에 같은 SE가 나온다면 어느 쪽이 더 볼륨이 커야 할지도 생각해 보세요. 물론 볼륨 조절까지 완벽하게 하는 것이 어렵다면 패스하셔도 좋습니다. 하지만 이런 섬세한 차이가 게임의 퀄리티를 크게 높여준다는 사실은 알아두시면 좋겠습니다.

## (TIP)

보이스를 추가해 보는 것도 추천드립니다. 요즘은 AI 성우를 다양하게 활용할 수 있으니 시도해 보세요.

# Day 27.
# 외부 테스트와 최종 수정하기

이제 게임이 완성되었습니다. 여러분은 이 게임을 개발하면서 수없이 테스트했기 때문에 게임에 대한 객관적인 시야를 갖기는 힘들겠지요. 오늘은 게임을 드디어 다른 사람들에게 선보이는 날입니다. 지인들에게 테스트를 부탁해 보세요.

가까운 사람이 게임을 테스트하는 장면을 지켜보고 있자면 입이 근질거릴지도 모릅니다. 하지만 꾹 참고 지켜봐주세요. 여러분의 설명 또는 변명은 게임을 객관적으로 보는 시야를 망칠 수 있습니다. 그저 지켜보기만 하고 피드백을 받을 때에도 별다른 코멘트를 하지는 마시길 바랍니다. 그래야 온전하고 솔직한 의견을

들을 수 있습니다.

혹시 게임을 개발하면서 고민한 부분이나 궁금한 부분이 있다면 미리 설문을 준비해 두셔도 좋습니다. 최대한 객관적인 피드백들을 수집할 수 있도록 신경 쓰세요. 기분이 상하는 피드백이 있더라도 받아들이실 수 있어야 합니다.

모든 테스트가 종료되었다면 또다시 수정해야 할 항목을 리스트업합니다. 앞서 최종 테스트에서 남은 리스트와 합쳐서 우선순위를 정해 주세요. 비슷한 수준의 문제점이라면 외부 테스트에서 나온 것을 더 중요하게 고려해 주세요. 그리고 이를 하나하나 해결해 나가세요.

테스트 피드백 중에는 "너무 어렵다"거나 "아이템이 잘 안 나온다", "몬스터가 너무 많다"는 등의 수치와 관련된 의견도 있을 수 있습니다. 여러분의 기준보다 더 객관적인 지표일 수 있다는 것을 명심해서 수정하세요.

## (TIP)

가급적 자신의 의견을 줄이고 받아들이세요.

# Day 28.
# 출시 준비와 출시

마지막 난관인 '빌드'가 남아 있습니다. 사용하시는 엔진에는 '배포'나 '빌드'에 관련된 메뉴가 있는데요, 버튼을 한 번만 누르면 되는 간단한 메뉴입니다. 엔진마다 각 빌드별로 세팅 옵션이 주어지기는 합니다만, 간혹 이 메뉴가 비활성화되어 있는 경우가 있습니다. 이런 경우 PC에서 빌드 세팅을 해주어야 합니다. 빌드 세팅은 엔진 가이드에 있으니 이를 따라 진행하세요. 세팅이 끝나면 버튼을 눌러서 자신만의 완성 빌드를 뽑아 보세요.

이제 게임을 실제로 출시할 준비를 해봅시다. 어떤 것들이 필요할까요? 게임의 아이콘이나 상점 페이지,

홍보 문구와 일러스트 등이 필요할 것입니다. 여러분이 초반에 생각해 둔 플랫폼에 개발자 계정으로 가입해 보세요. 출시에 필요한 리스트를 확인할 수 있을 것입니다. 아래는 일반적으로 인디 게임을 출시할 만한 플랫폼들입니다.

구글 플레이 스토어(모바일)

애플 앱 스토어(모바일)

스팀(PC)

닌텐도 E-shop(콘솔)


플랫폼에 따라서는 사업자등록증이 필요한 경우도 있고 일정 기간이 소요되는 경우도 있습니다. 보증금이 필요한 경우도 있으니, 이는 선택하신 플랫폼에 맞게 준비해 두세요.

이 4개의 플랫폼 이외에도 다양한 플랫폼이 있습니다만, 일반적으로 많이 출시되는 플랫폼은 위 4개라고 생각하시면 될 것 같습니다. 콘솔의 경우 플레이스테이션 등은 법인사업자등록증이 필요하므로, 개인사업자가 만든 인디 게임이 출시되기 어렵습니다.

플랫폼에 따라서 API를 추가하라는 지시 사항이 있는 경우가 있을 텐데요, 가이드대로 따라 하시면 전혀 어렵지 않습니다. 게임을 혼자서도 거뜬히 만드신 분인데, 당연히 출시를 위한 세팅 정도는 어렵지 않겠죠? 지시에 따라서 출시 프로세스를 진행해 보세요.

여러분은 게임을 완성했습니다. 남들이 보기에는 단순해 보일 수 있지만, 여러분의 첫 게임입니다. 도전의 결과물로 이는 중요한 가치가 있는 작품입니다.

# 제 3 부

# 게임 마케팅의
# 세계

# 출시와 마케팅,
# 어떻게 해야 할까?

28일까지 일정을 마치면 드디어 출시가 가능해집니다. 해당 플랫폼으로 들어가셔서 출시 버튼을 눌러주세요. 그럼 여러분이 만든 게임이 세상에 선보이게 됩니다.

출시 버튼을 누르고 곧바로 검색해서 나오지 않는다고 당황할 필요는 없습니다. 최소 수 시간에서 최대 하루 이상이 소요될 수 있으니까요. 마음 편히 기다리시다가 반나절 혹은 하루 뒤에 여러분의 게임 제목을 검색해 보세요. 반가운 아이콘을 확인하실 수 있을 것입니다.

게임을 출시하고 며칠이 지나도 판매되지 않는 경우가 많습니다. 판매는커녕 사람들에게 노출조차 되지 않는 경우도 많겠지요. 요즘 시대에는 하루에 수백에서 수천 개의 게임이 쏟아져 나옵니다. 많고 많은 게임 중에서 사람들의 눈에 띄기 위해 필요한 것은 마케팅입니다.

기업은 넉넉한 자금을 활용해 마케팅을 진행하겠지만, 우리는 자금을 집행할 여유가 없습니다. 마케팅을 할 수 있는 것은 그나마 SNS 정도일 것 같습니다. 자신과 지인의 블로그나 인스타그램, 페이스북과 X 등에 게임에 대한 소식을 올려주세요. 혹은 게임 커뮤니티에 직접 홍보글을 써보세요. 개발 과정이나 비하인드 스토리를 공유하는 형태가 많이 활용되고 있습니다. 기업에서는 할 수 없는 친근감을 일으킬 수 있는 마케팅이니까요.

SNS 마케팅은 꾸준하게 관리를 하는 것이 중요합니다. 단순히 게임 출시를 알리고 끝난다면 일반적인 매체나 기사보다도 못할 수밖에 없습니다. 여러분의 계정이 매체들보다 팔로우가 높지 않다면 말이지만요.

공신력 있는 매체에 기사를 띄우고 싶다면 직접 보도자료를 써서 게임 웹진에 보내시는 것도 좋습니다. 보도자료는 각 웹진에 있는 기사들을 참고해 쓰시면 되고, 관련 이미지 등도 함께 보내셔야 합니다. 보도자료를 보낸다고 해서 모든 기사가 수록되는 것은 아닙니다만, 도전해 보는 것이 안 하는 것보다는 훨씬 좋겠지요.

이것만으로 부족하다고 생각하신다면 게임 스트리머에게 부탁할 수도 있겠지요. 무료로 게임을 제공하며 리뷰나 방송을 요청해 보실 수 있습니다. 물론 대형 스트리머는 비용이 많이 필요합니다만 아직 성장하고 있는 게임 스트리머들이라면 받아줄지도 모르니까요.

그나마 적은 금액으로 할 수 있는 마케팅 중에 크라우드 펀딩이 있습니다. 이것은 게임이 출시되기 전 개발 단계에서 사람들에게 개발 중임을 알리며 모금을 하는 방식입니다. 돈을 모으는 것을 핵심으로 생각할 수 있지만, 그보다는 자금 집행이 불가능한 작은 게임 개발자들이 홍보도 할 수 있으므로 바람직한 홍보 방법인 듯싶습니다.

이처럼 다양한 형태의 마케팅을 통해 게임이 다소 판매되고 나면 어떤 일이 벌어질까요? 그때부터는 리뷰 지옥이 펼쳐질 수 있습니다. 별점 관리도 해야 하고 악플로 인해 고통에 시달리는 경우도 많습니다. 마음을 굳게 다잡고 지켜보시기 바랍니다. 비록 악플일지라도 하나하나의 의견은 다음 게임을 만드는 데 좋은 밑거름이 될 수 있으니까요.

악플에 대해서는 감정적으로 대응하기보다는 불필요한 비판과 개선하면 좋은 점을 잘 구분해서 활용하세요. 개중에는 의미 있는 의견이 담겨 있는 경우도 많으니 어떻게 활용할지에 집중하시고 마음을 단단히 다잡으세요.

게임 출시 이후에는 지속적인 모니터링을 하면서 다음 게임을 준비하시면 될 것 같습니다. 어느 정도 성과가 있다면 광고 삽입이나 아이템 판매 등에 도전해 보시는 것도 좋겠지요. 하지만 저는 게임을 하나 더 만들어보는 것을 추천하고 싶습니다. 두 번째 게임은 지금보다 분명히 더 잘 만든 작품이 나올 테니까요.

# 게임 개발과
# 브랜딩

여러분은 앞으로도 게임을 만들겠지요. 다음 프로젝트를 사람들에게 조금 더 효율적으로 알릴 수 있는 방법이 있습니다. 바로 개발자인 당신을 브랜딩하는 것입니다. 자신을 하나의 브랜드로 가져간다면, 새로운 프로젝트를 하는 내내 관심을 받을 수 있을 것입니다. 이처럼 퍼스널 브랜딩을 통해 유저들과 소통하며 개발 과정을 공유하는 형태가 많습니다. 오늘날에는 SNS를 통해 소통할 수 있기 때문에 훨씬 수월해진 부분도 있지요.

세계적으로 유명한 오래된 게임개발자들의 이야기를 읽어본 적이 있나요? 게임 제목 앞에 자신의 이름을 붙이는 경우도 있었지요. 이는 굉장히 유용한 홍보 전

략이라고 볼 수 있습니다. 다만, 이를 위해서 반드시 넘어서야 할 난도 높은 문제가 하나 있습니다. 자신의 기준치를 많이 내려놓고 타인의 평가에 대해 스트레스를 받지 말아야 한다는 것입니다.

누구나 첫 게임은 부족할 수밖에 없습니다. 지속적으로 작품을 만든다면 좋은 작품도 만들 수 있겠지만, 아쉬운 작품들도 분명히 있을 수밖에 없습니다. 이에 대한 부끄러움이나 창피함을 받아들일 용기가 있다면, 그동안 개발한 게임들을 당당하게 밝히고 현재의 개발 과정을 공유해 보세요.

개발 과정에서 많은 피드백을 남긴 게이머들은 당연히 당신을 기다릴 것입니다. 그 게임은 여러분이 만든 게임임과 동시에 유저들의 의견이 반영된 게임일 테니까요.

잘 만들었든 못 만들었든, 내가 만든 작품에 대한 책임은 가지셔야 합니다. 그것은 게임개발자뿐 아니라 모든 창작자에게 주어진 기본 책무이기 때문입니다. 이러한 것들을 극복하실 수 있다면 용기를 갖고 자신을 브랜딩해 보세요. 분명 다음 게임에서 훨씬 좋은 성과를 내실 것입니다.

지난 4주간 고생 많으셨습니다. 오늘을 계기로 앞으로 더 다양하고 재미있는 재미를 만들어주시기를 기원합니다. 꼭 게임이 아닌 무엇을 하시더라도 지난 4주간의 시간이 값진 경험으로 기억에 남으실 거라고 생각합니다. 앞으로 세상에 나올 여러분의 게임들이, 저 밤하늘의 별들처럼 각양각색으로 빛나게 되기를 기대하며 멀리에서 응원하겠습니다.

# 자주 묻는 질문들

**Q1.** 프로그래밍을 전혀 모릅니다. 게임을 개발할
수 있을까요?

**A1.** 물론입니다. 당연히 프로그램 언어를 알면 훨
씬 많은 것을 할 수 있지만, 노 코딩 엔진도 많
이 있고, 대다수의 게임 엔진이 비주얼 스크립
팅 방식을 사용하고 있습니다. 원한다면 인터
넷 강좌를 통해 기초 학습을 얼마든지 할 수도
있습니다. 하려는 의지만 있다면 얼마든지 가
능합니다.

**Q2.** 게임 하나를 개발하는 데 얼마나 많은 시간을

투자해야 할까요?

**A2.** 앞으로 자주 하게 될 답변일 수 있겠습니다만, "게임에 따라 다릅니다." 실제로 한두 시간 만에 개발할 수 있는 게임도 있고 10년이 걸려도 완성되지 않는 게임도 있습니다. 이 책에서 다루는 게임의 경우는 하루에 한 시간에서 다섯 시간을 기준으로 28일이 소요되지만, 아마도 이 프로젝트를 진행하면서 욕심을 좀 버리셔야 할 것입니다.

**Q3.** 혼자서 게임을 만들 때 가장 큰 어려움은 무엇일까요?

**A3.** 단언컨대 동기부여입니다. 여럿이 개발을 한다면 내가 하기 싫더라도 상대 때문에 억지로라도 진행하게 됩니다. 하지만 혼자 하게 되면 중도 포기를 하더라도 아무런 문제도 제지도 없겠지요. 따라서 혼자서 게임을 만들 때는 강한 의지가 필요합니다. 이를 위해 게임을 만들기 전에 전에 주변에 널리 알리세요. 4주 만에 나만의 게임을 보여주겠다고 선언하시면 그것

이 동기부여가 되어서 끝까지 해내실 수 있습니다.

**Q4.** 어떤 게임 엔진을 사용하는 것이 좋을까요?

**A4.** 만들려는 게임에 따라 정하는 것이 가장 좋습니다만, 그 이전에 게임을 개발하는 목적도 중요합니다. 게임 업계 취업을 준비하면서 포트폴리오나 학습 요소로 사용한다면 유니티나 언리얼 등 현업에서 주로 사용하는 엔진을 사용하시기를 권합니다. 모바일 게임을 만들지, PC 게임을 만들지, 비주얼 노벨을 만들지, 2D 플랫포머를 만들지에 따라서도 추천하는 엔진이 다릅니다. 고민이 된다면 자신이 게임을 만들려는 목적과 어느 플랫폼으로 개발하려는지, 어떤 장르의 게임을 만들고 싶은지를 정리해 보세요.

**Q5.** 게임 개발 비용은 얼마나 필요할까요?

**A5.** 1인 개발 게임의 경우 개발 비용은 거의 들지 않습니다. 여러분이 직접 모든 것을 해내니 인

건비가 들지는 않으니까요. 개발을 조금 더 쉽게 하기 위해 리소스나 에셋, 툴을 구매하신다면 해당 비용 정도가 개발 비용으로 소모될 것 같습니다. 따라서 전혀 들지 않을 수도 있고, 수백만 원이 들 수도 있습니다. 개발 비용 역시 본인의 의지와 노력에 따라 달라질 것 같네요.

**Q6.** 게임 개발만으로 생계를 유지할 수 있을까요?
**A6.** 쉽지 않지만 가능하기는 합니다. 저의 지인 중에는 1인 게임 개발로 다섯 가족의 생계를 책임지시는 선배님도 계십니다. 선배님의 세 아이는 모두 대학에 진학했습니다. 반면, 1인 게임 개발을 하면서 생활비가 전혀 생기지 않아 다른 아르바이트를 병행하는 지인도 있습니다. 게임에서 생기는 수익은 복불복입니다. 많이 생길 수도 있고 전혀 생기지 않을 수도 있습니다. 따라서 게임 개발을 본업으로 하시는 것보다는 사이드 잡 겸 취미로 하시는 것을 추천드립니다.

**Q7.** 게임에 사용하는 아트는 직접 제작해야 할까요? 아티스트가 아니다 보니 어렵습니다.

**A7.** 게임에 들어가는 아트 리소스는 온라인에서 다양한 형태로 판매되고 있습니다. 해당 사이트들을 검색해 원하는 것을 구매하셔도 됩니다. 요즘은 생성형 AI로 직접 제작하는 분들도 많아지고 있습니다. 약간의 수정이 필요하기는 하지만 그림 실력이 부족하더라도 문제없이 사용할 수 있겠지요. 마지막으로 엔진별 에셋 스토어에서도 리소스를 판매하고 있습니다. 얼마든지 구매하거나 제작할 수 있으니 걱정하실 필요는 없을 것 같습니다.

**Q8.** 모바일 게임과 PC 게임 중 어느 것을 만드는 것이 더 쉬울까요?

**A8.** 모바일 게임을 쉽다고 생각하는 경우가 많지만, 당연히 PC 게임이 더 쉽습니다. 개발을 PC로 하기 때문이며, 각 엔진에서도 PC 버전의 빌드는 무료로 제공하고 있기 때문입니다. 모바일 게임의 경우 안드로이드와 애플의 빌드

세팅이 다를 수도 있고, OS 버전에 따라 차이가 있는 경우도 있습니다. 테스트를 할 때에도 매번 설치를 해야 하는 모바일 게임보다는 개발 환경에서 바로 테스트가 가능한 PC가 쉽겠지요.

**Q9.** 내가 만든 게임을 해외에도 출시할 수 있을까요?

**A9.** 물론입니다. 해외에 출시할 때에는 두 가지 방법이 있습니다. 한 가지 빌드로 마켓에 올려두는 형태와 국가별로 빌드를 각각 만드는 방식이 있지요. 하나의 빌드를 사용하는 것을 '글로벌 원 빌드'라고 합니다. 아주 직관적인 표현이지요? 해외 출시를 할 때에는 마켓 플랫폼에 따라 추가로 작성해야 하는 부분이 있습니다. 국가별로 심의 기준이나 정책이 다르기 때문입니다. 그 외에는 언어 문제가 있겠지요. 번역을 통해 다양한 언어를 적용해 주세요. 해외 출시는 기본적으로는 어렵지 않기 때문에 얼마든지 하실 수 있습니다.

**Q10.** 개발을 진행하는 과정에서 계속 새로운 아이디어가 떠오릅니다. 어디까지 구현해야 할까요?

**A10.** 아이디어는 떠올리는 것보다 걸러내고 포기하는 것이 중요합니다. 처음 게임을 개발하신다면 아이디어의 개수를 신경 쓰지 마시고 이 책에서 말하는 일정을 기준으로 진행해 보세요. 일정이 오버되면 그 아이디어는 사용하지 마세요. 우리는 게임을 하나만 만들고 그만두지 않을 것이고, 여러분은 초보자입니다. 정말 좋은 아이디어라면 다음 게임에 사용하셔도 되겠지요.

**Q11.** 게임의 성과를 분석할 수 있는 지표로는 어떤 것이 있을까요?

**A11.** 다양한 지표를 통해 게임의 성과를 측정할 수 있습니다. 기본적으로 이 지표들은 여러분이 게임을 등록한 마켓 플랫폼에서 제공해 줍니다. 그 외에 게임에 광고를 삽입했다면 해당 광고 업체를 통해서도 확인할 수 있지요.

따라서 개발 단계에서는 이 부분을 고려하실 필요가 없습니다. 우선 개발에 집중하시고 출시한 이후 해당 플랫폼의 튜토리얼을 확인하세요.

# TIP!
# AI 활용해 게임 만들기

혼자서 하나의 게임을 만들려면 많은 어려움이 있을 것입니다. AI를 통해 게임을 보다 쉽게 만들 수 있습니다. AI를 활용하는 경우는 크게 두 가지입니다. 리소스에 활용하는 것과 코딩에 활용하는 것이겠지요.

## AI를 활용한 그래픽 및 리소스 생성

게임 개발에서 그래픽 리소스의 제작은 많은 시간과 노력이 요구되는 작업입니다. 특히 소규모 개발팀이나 1인 개발자의 경우, 게임의 비주얼 요소를 직접 제작하는 데 상당한 어려움을 겪을 수 있습니다. 이러한 문제를 해결하는 데 AI는 매우 유용한 도구가 될 수 있습니다. 생성형 AI 기술을 활용하면, 짧은 시간에 그래픽 리소스를 생성할 수 있습니다.

### 1. 생성형 AI의 기본 개념

생성형 AI(Generative AI)는 특정 패턴을 학습하여 새로운 콘텐츠를 생성하는 기술을 의미합니다. 이미지, 텍스처, 애니메이션 등 다양한 형태의 그래픽 리소스를 생성할 수 있으며, 이는 기존의 수작업 방식보다 훨씬 빠르고 효율적입니다. 이러한 AI 도구는 원하는 스타일이나 특징을 반영한 그래픽을 자동으로 생성해 주기 때문에, 비주얼 리소스를 일일이 손으로 그릴 필요 없이 제작할 수 있습니다.

### 2. AI를 활용한 2D 및 3D 아트 생성

2D 리소스의 경우, 손그림 스타일, 픽셀 아트, 만화풍 등 다양한 아트 스타일의 그래픽을 생성할 수 있습니다. 이는 게임의 전반적인 비주얼 스타일을 빠르게 정하고, 시각적인 일관성을 유지하는 데 유리하겠지요. 예를 들어, 게임 내 모든 캐릭터나 배경을 동일한 스타

일로 통일하고 싶을 때, AI를 활용하여 일관된 그래픽 리소스를 생성할 수 있습니다.

3D 모델링에서는 AI를 활용해 기본 모델을 생성한 후, 이를 바탕으로 디테일을 추가하거나 수정하는 방식으로 작업을 진행할 수 있습니다. 다만, 3D 생성과 관련된 학습이 다소 필요하기 때문에 3D 모델과 애니메이션에 대한 기초 지식이 없다면 추천하고 싶지는 않습니다.

### 3. AI 도구의 활용 사례

현재 게임 개발에서 널리 사용되고 있는 AI 도구로는 DALL-E, Midjourney, Stable Diffusion 등이 있습니다. 이러한 도구들은 간단한 텍스트만 입력해도 다양한 그래픽 리소스를 생성할 수 있어, 게임개발자가 필요로 하는 특정 이미지를 빠르게 얻을 수 있습니다. 또한, Unity나 Unreal Engine과 같은 게임 엔진에서도 AI 기반 플러그인을 통해 쉽게 통합할 수 있는 다양한 그래픽 생성 도구를 제공하고 있습니다.

예를 들어, 특정 게임 신에 필요한 배경 이미지를 생성하기 위해 간단한 텍스트 설명을 AI에 입력하면,

AI는 이를 바탕으로 고유한 배경 이미지를 생성해 줍니다. 이는 게임의 아트 디렉션을 빠르게 정립하고, 시각적 요소를 개발하는 데 큰 도움을 줍니다.

### 4. 생성형 AI의 한계와 고려사항

AI를 활용한 그래픽 생성은 매우 유용하지만, 몇 가지 한계점도 존재합니다. 생성된 리소스가 항상 원하는 품질을 보장하지 않거나, 지나치게 기계적인 느낌을 줄 수도 있습니다. 따라서 생성된 리소스를 후처리하거나 추가적인 수작업을 통해 완성도를 높이는 것이 중요합니다.

또한, AI가 생성한 이미지나 리소스의 저작권 문제를 사전에 검토해야 합니다. 일부 AI 도구는 학습 데이터로 사용된 기존 이미지의 영향을 받을 수 있기 때문에, 상업적 사용에 앞서 라이선스와 관련된 문제를 확인하는 것이 필요합니다.

## AI를 코딩에 활용하기

게임을 처음 만들고, 코딩을 잘 모르는 분들이라면

군이 코딩까지 공부하실 필요는 없겠지만 코드를 읽을
수 있으면 큰 도움이 됩니다.

### 1. AI 기반 코드 생성

AI는 자연어로 된 설명을 바탕으로 코드를 자동으
로 생성할 수 있습니다. 예를 들어, 게임 개발에서 캐릭
터의 움직임을 구현해야 한다고 가정해 봅시다. AI 코
드 생성 도구에 "캐릭터가 화살표 키를 사용해 상하좌
우로 움직이도록 하는 코드를 작성해 줘"라고 입력하
면, AI는 이에 맞는 코드를 생성하여 제공합니다. 이 코
드를 적절한 곳에 복사해 넣는 것만으로도 기능 구현이
가능하지요.

### 2. AI를 활용한 디버깅

게임 테스트를 통해 발생하는 버그를 찾아내고 수
정하는 것은 매우 중요한 작업입니다. AI를 활용하면
코드상의 문제를 쉽게 찾아낼 수 있습니다. 예를 들어,
게임 개발 중 캐릭터가 예상대로 움직이지 않거나 특정
기능이 제대로 작동하지 않을 때, 코드를 복사해서 문
제점을 찾아달라고 질문해 보세요. AI는 코드상의 원

인을 분석하고, 해결책을 제시합니다. 한 줄 한 줄 모두 체크하기 힘든 경우에 유용하게 활용할 수 있겠지요.

### 3. 코드 최적화

AI는 코드의 구조를 개선하고, 유지보수성을 높이는 데에도 활용할 수 있습니다. 예를 들어, 중복된 코드가 많이 포함된 게임 프로젝트가 있다고 가정해 봅시다. 코드를 복사해서 제공해 보세요. AI는 중복 코드를 찾아내고, 이를 더 간결하게 작성할 수 있는 방법을 제안해 줄 수 있습니다. 또한, 코드의 실행 속도를 높이기 위해 성능 최적화 작업을 요청해 볼 수도 있습니다.

이 외에도 AI는 게임에 성우 음성을 넣거나 BGM을 제작하는 등 다양하게 활용될 수 있겠지요. 점점 많은 AI가 세상에 나오고 있습니다. 이를 어떻게 활용할지에 따라 무엇을 하든 더욱 효율적으로 할 수 있는 시대입니다. 앞으로는 AI를 활용해 순식간에 게임 하나를 만들게 될지도 모르겠지요. 그때가 오기 전에 게임 개발에 도전해 본다면 다른 사람들보다 훨씬 빠르고 효율적으로 게임을 만들 수 있지 않을까 생각합니다.

# 밤하늘의 별들처럼 각양각색으로 빛나는 게임들이 탄생하기 바라며

축하합니다! 여러분은 첫 게임을 훌륭하게 만드셨습니다. 게임을 직접 개발해 본 느낌은 어떤가요? 중간중간 힘든 구간이 있었지만, 위기의 순간들을 잘 넘기고 여기까지 도달했습니다. 최초의 게임을 완성했다는 것만으로도 여러분은 축하받을 자격이 충분합니다.

게임 개발의 재미는 느끼셨는지 모르겠습니다. 이를 토대로 수익화를 위한 프로젝트를 진행하실 수도 있겠지요. 혹은 자신만의 목적을 가지고 현재 만들어놓은 게임을 개량하거나 새로운 프로젝트를 진행하실 수도 있을 것 같습니다. 앞으로 어떤 게임을 어떻게 만들어야 할지는 여러분에게 맡기겠습니다. 무엇을 하든 잘해내실 거라고 믿습니다. 그 근거는 여러분 앞에 놓인

최초의 완성된 게임이겠지요.

여러분 개개인이 만든 게임은 어떤 모습일까요? 틀림없이 다소 서툴더라도 개성이 넘치고 열정이 가득한 작품들이겠지요? 직접 해볼 수 없다는 것이 안타깝습니다. 저 대신 여러분이 많이 플레이해 주세요. 주변 지인들에게도 많이 알려주세요. 더 많은 사람에게 재미를 주게 된다면, 여러분의 자식과 같은 첫 게임도 기뻐하지 않을까요?

지난 4주간 고생 많으셨습니다. 오늘을 계기로 앞으로 더 다양하고 재미있는 재미를 만들어주시기를 기원합니다. 꼭 게임이 아닌 무엇을 하시더라도 지난 4주간의 시간이 값진 경험으로 기억에 남으실 거라고 생각합니다. 앞으로 세상에 나올 여러분의 게임들이, 저 밤하늘의 별들처럼 각양각색으로 빛나게 되기를 기대하며 멀리에서 응원하겠습니다.

# 혹시 게임을 완성하지 못했다면…

대부분의 경우는 욕망을 조절하지 못해 문제가 생길 가능성이 높습니다. 첫 게임은 여러 번 강조했던 것처럼 완성이 목표입니다. 아무리 좋은 아이디어가 있더라도 현재 나의 실력이 이를 구현할 수 없다면 엔진이나 에셋의 기본 기능의 제약 안에서 게임을 만들어보시는 것이 좋습니다.

　만약, 매우 단순한 형태로 만들었는데 완성하지 못했다면 엔진이나 에셋을 잘못 선택해 문제가 생긴 것일 수 있습니다. 다른 엔진을 활용해 보시면 좋겠습니다.

　완성까지 도달하지 못했더라도 이를 통해 학습에 대한 동기부여가 되었다면 그 또한 결과가 좋은 거라고 생각됩니다. 약간의 기초 학습이 더해지면 개발의 난도는 더욱 낮아질 수 있으니까요. 필요하다고 생각되는 부분의 학습을 추가한 뒤 다시 도전해 주세요.

# 도움을 주신 분들

---

| | | | |
|---|---|---|---|
| @ | 권시웅 | 선구 | 이은진 |
| 29도 | 김경민 | 성락운 | 이준호 |
| ataraxia | 김남경 | 성수진 | 이지원 |
| chodukong | 김명주 | 손혜인 | 이지원 |
| ChronicCold | 김명준 | 송아리 | 이진경 |
| EEL777 | 김병완 | 스읍펙 | 이태훈 |
| EOV | 김성욱 | 시우 | 이호형 |
| GuCoffeeLab | 김시윤 | 신경하 | 익명이 |
| HHS | 김유리 | 신진호 | 임수정 |
| HONGG | 김은정 | 신태현 | 임지영 |
| J | 김재영 | 쏘ol | 임한솔 |
| Jay | 김정민 | ㅇㅅㅇ | 자몽 |
| Keios | 김지호 | 아나라시야 | 자유시간 |
| lsy0504 | 김진미 | 아이필 | 장은지 |
| mj | 김진아 | 안종근 | 전민향 |
| New턴 | 김태한 | 알잘딱파리 | 전성구 |
| NIMOYH | 김페슈 | 어드 | 정원 |
| N양 | 김혜지 | 에레스피 | 정재현 |
| oggie | 꼬샤스미짝꿍 | 에브냥 | 정지훈 |
| PSY | 나이트캣 | 여지원 | 제니 |
| Reyeon | 남겸주 | 여태영 | 제영 |
| Rilly kim | 노을 | 염하얀 | 조수민 |
| Rokke | 다정 | 오규진 | 조형찬 |
| setda1494 | 대깨 팬치 | 오윤성 | 지윤후TheGameDeveloper |
| Seungkyu Fred Lee | 대전시민 | 오창민 | 지혜 |
| SHAIR | 데이브릭 | 온수 | 진태호 |
| Sinae_Chloe | 라이카 | 요술공주밍키 | 짱구 |
| slider | 랜든초이 | 요정이라고 써주세요 | 최한슬 |
| Thin2king | 런군 | 우와짱 | 칠월 |
| yijin kim | 마와 | 우치 | 케이티 |
| 가람양 | 뭄문 | 원도영 | 쿠나 |
| 감자 | 미인혀영 | 월하 | 킴킴 |
| 개발자언니 | 민수 | 유르밍 | 태나르 |
| 거믄여우 | 민토르크 | 유웰 | 티레이너 |
| 건땅콩 | 박애정 | 유찬 | 평발 |
| 검은우주 | 박일 | 유코치 | ㅎ스튜디오 |
| 게임 만드는 해달 | 박향기 | 윤일현 | 하니니 |
| 고다현 | 별 | 윤준혁 | 한서현 |
| 곽솔이 | 보름달 | 이광민 | 한시온 |
| 곽영주 | 사람마루 | 이번생에개발자가되겠습니다 | 한진혁 |
| 곽자회 | 상네 | 이서회 | 행운만땅 |
| 구슬아 | 서구칠 | 이성재(뉴뉴7) | 혜아냥 |
| 구한울 | 서버 | 이승현 | 흰울 |
| 국승원 | 서회 | 이유성 | |

4주 만에 준비하는 N잡러 가이드 2
# 게임개발자 되는 법

1판 1쇄 인쇄 2024년 11월 15일
1판 1쇄 발행 2024년 11월 20일

지은이 김현석

펴낸이 이윤규
펴낸곳 유아이북스
출판등록 2012년 4월 2일
주소 서울시 용산구 효창원로 64길 6
전화 (02) 704-2521
팩스 (02) 715-3536
이메일 uibooks@uibooks.co.kr

ISBN 979-11-6322-155-5  03320
값 13,800원